Epifanía

Ankhorey Apolinario

Índice

- **Prólogo** — 1
- **Coraje** — 6
- No busques reconocimiento — 9
- Entrena tu capacidad de sufrimiento — 11
- Evita la mentalidad de víctima — 19
- **Templanza** — 29
- Dicotomía de control — 32
- Amor fati — 42
- Gratificación a largo plazo — 49
- **Sabiduría** — 56
- Busca ideales sabios — 64
- Ignora a los que no sumen — 72
- Reflexión y autoevaluación — 75
- **Justicia** — 82
- Evita la ira — 89
- **Disciplina** — 101
- Preséntate todos los días — 103
- No procrastines — 118
- **Memento mori** — 131
- **Nota** — 150

Música recomendada para la lectura

Ludovico Einaudi - I giorni

Ludovico Einaudi - Le onde

Ludovico Einaudi - Nuvole bianche

Ludovico Einaudi - Stella del mattino

Ludovico Einaudi - Berlin song

Ludovico Einaudi - Earth

Ludovico Einaudi - Tu Sei

Hans Zimmer - Interstellar (para el capítulo Memento mori)

Hans Zimmer - Chevaliers De sangreal

Chopin - Nocturne

Boccherini - La musica notturna delle strade di Madrid

Bach - Air

Albinoni - OP 10

Handel - Music for the royal fireworks

Antonio Bertali - Ciacona

Vivaldi - RV 580

Vivaldi - RV 522

Vivaldi - RV 356

Beethoven - sinfonía no. 5, cuarto movimiento.

Legrenzi - Sonata la squarzona

Legrenzi - Hodie colletantur

Vide cor meum (para el capítulo Memento mori)

"Todos los necios tienen en común que siempre están preparándose para empezar"

Séneca

Prólogo

En la sociedad actual tiene lugar todo un sofisticado conjunto de formas de distraernos, hacernos perder el tiempo y la excelencia de la condición humana, convirtiéndonos en meros organismos que se limitan a existir.

La vida es compleja, repleta de obstáculos y lecciones, por eso los estoicos, los pensadores del mundo antiguo y nuestros ancestros establecieron una serie de reglas fundamentales para ayudarnos a vivir correctamente, alcanzar la auténtica felicidad y no salirnos nunca de nuestro camino. Convirtiéndonos en la mejor versión de nosotros mismos.

La sociedad parece que incluso directamente promueve el vicio. Nos distrae con las redes sociales, con la facilidad que existe hoy en día para acceder a cualquier tipo de contenido audiovisual, las series, la pornografía en cualquier lugar y momento del día, los videojuegos que parecen ser como una droga para el consumidor, etc. El resultado es una sociedad con ansiedad a todo tipo de cosas, sobrealimentada, sobreestimulada, depresiva y débil.

Las personas quieren conseguir las cosas ahora y ya, sin ningún tipo de esfuerzo o el menos posible.

La mayoría de los ideales modernos, sobre todo los de la juventud, son personas que poco o nada tienen que ver con la virtud. Se premia y elogia al vago, al perezoso, incluso al alcohólico y al drogadicto. El trato denigrante y sexualizado al sexo femenino en la música, el ser irrespetuoso con casi todos y hasta el hablar mal. La mayoría de estos referentes actuales no son populares por ser personas virtuosas, sabias, valientes o ingeniosas.

Se ha normalizado la mediocridad, el adoptar posiciones de víctimas incomprendidas. El ser humano está anulado, limitado y ha olvidado de lo que es capaz. La mayoría de las personas no tienen una motivación real y posponen todo.

La cultura que está teniendo lugar nos invita a ser infelices. Tanta gente con depresión, mala alimentación, sedentaria y estancada, dejando pasar los días con sus aspiraciones muriendo dentro de ellos.

No obstante, existe una solución para todo esto, una forma de pensar que en el mundo antiguo levantó imperios y la grandeza del ser humano, el estoicismo. La forma de vida de nuestros ancestros. Esta es práctica y enfocada de forma realista en el mundo y en la naturaleza humana.

El estoicismo trata de sobreponer la mente y la racionalidad humana por encima de nuestros instintos primitivos e impulsos. Nos muestra lo que nos diferencia del resto de animales y aboga para que seamos seres civilizados, sabios, disciplinados y virtuosos. Nos insta a llegar al máximo de lo que podemos ser. Aunque es un trabajo individual, también supone un beneficio para la sociedad.

El renacimiento fue un movimiento cultural que tuvo lugar en el siglo XV, en él se dieron increíbles avances artísticos, tecnológicos y en medicina.

Una de las claves fue que el ser humano eliminó el teocentrismo, que consiste en que todo gira alrededor de dios, e implantó el antropocentrismo, todo gira alrededor del ser humano. El humano comenzó a tener más visión sobre sí mismo y a intentar dar explicaciones racionales a los acontecimientos en lugar de basarse en la fe.

Se denominó renacimiento porque esta forma de pensar tuvo lugar mucho antes, en la antigua Grecia y Roma, por lo que el ser humano estaba naciendo de nuevo.

Tal vez estemos viviendo un nuevo renacimiento, el ser humano ha matado a dios, o al menos a los dioses de las religiones monoteístas. La gente no suele estar bautizada siquiera y tras un periodo de centrarse solo en el mundo "material" y darle poca importancia a nuestro yo espiritual, estamos comenzando a intentar llenar este vacío que nos ha dejado la religión con una opción mucho más racional y productiva para el progreso individual y de la sociedad. La filosofía.

Cada vez más personas buscan una guía para la vida y sobre como vivirla, por eso decimos que está teniendo lugar un nuevo renacimiento, ya que el ser humano vuelve una vez más a las antiguas formas de pensar.

Somos el resultado de 13.800 millones de años de evolución, los que ha tenido el universo desde que nació hasta este punto de la historia donde tienes lugar tú. La grandeza del ser humano es inconmensurable, al igual que la del cosmos de donde proviene.

El estoicismo se puede dividir en 4 principios básicos y fundamentales: Coraje, Templanza, Sabiduría y Justicia.

Recomiendo al lector sobre todo los capítulos Sabiduría, Disciplina y Memento mori.

Coraje

Séneca dijo, "vivir es un acto de coraje" pues hace falta valor y resiliencia. En el camino se presentarán muchos obstáculos o piedras y algunas más grandes que otras, pero esto no son problemas ni nada realmente malo, pues son lecciones para aprender y ser cada vez mejores.

Solo puede afectarnos lo que nuestra mente permite que nos afecte. Cada etapa de nuestra vida es una etapa de aprendizaje y sin adversidades no es posible dicho aprendizaje.

"No hay nadie más desafortunado que a quien la adversidad ha olvidado, pues no tiene la posibilidad de ponerse a prueba"

Séneca

Plantea la vida como una obra de teatro, nos toque el papel que nos toque interpretar, ya sea nacer en una familia pudiente o humilde, el de un cirujano o un barrendero, debemos disfrutar en cada momento del personaje que nos ha tocado interpretar.

Esto no quiere decir que debemos ser conformistas y estancarnos, sino que disfrutemos del camino que nos toca recorrer hasta las metas y objetivos que tenemos.

Incluso las personas que son desagradables con nosotros y nos hacen o han hecho daño, no son sino maestros que han venido a enseñarnos algo.

Desde el padre violento sumido en las drogas hasta el compañero de clase que nos maltrataba en el instituto, son maestros que nos enseñan siempre algo. Está en nuestras manos aprender o tomar una posición de víctimas.

Pero, ¿qué podemos aprender de este tipo de personas?. Pues desde el funcionamiento y comportamiento de la mente humana a como no debemos actuar nosotros con otras personas. Pero sobre todo, este tipo de situaciones al mismo tiempo nos fortalece y nos hace resilientes.

Hace falta coraje para cumplir con nuestro deber y actuar con justicia cuando nuestra integridad física o moral peligra, o la de nuestros seres queridos. Coraje para defender al débil, para proteger lo que importa y ser nobles.

Cuando un grupo determinado de personas nos da la espalda o nos ridiculiza por nuestras ideas y principios, hay que tener coraje para seguir defendiéndolos.

Si por ejemplo viviésemos en una sociedad donde se quiere prohibir a las mujeres usar el tren siendo discriminadas o a los hombres no comer pescado siendo discriminados, es nuestro deber defender a los perjudicados y permanecer firmes en nuestra idea, aunque eso suponga un problema para nosotros. Esto es honor y hace falta coraje para llevarlo a cabo.

Ten siempre en cuenta la reflexión de Séneca sobre una buena conciencia, limpia y organizada, la cual no debe temer ningún castigo.

Si realmente buscamos la felicidad y la serenidad interior, es necesario ser honestos y no mentir, ni a nosotros ni a los demás, reconocer nuestro ego, nuestros errores y ser sincero implica coraje.

-No busques reconocimiento

No busques reconocimientos por tus buenos actos, hacer una buena labor no siempre implica aplausos, lo hacemos para hacer el bien y no para recibir elogios. Esto hará que tu mente esté más despejada y tranquila para enfocarse en lo que verdaderamente tiene importancia.

Un buen acto que se hace esperando tener una recompensa no es del todo bueno, la ayuda desinteresada es una forma de ayudarnos a nosotros mismos a crecer como personas nobles. El colmo son las personas que se graban haciendo cosas buenas y no las harían si no tuviesen una cámara grabándoles.

"Lo que no es bueno para la colmena, no puede ser bueno para la abeja"

Marco Aurelio

Existe una infinidad de momentos en la historia en la que un determinado grupo de soldados, ante una muerte segura y teniendo la posibilidad de retirarse, decidieron luchar y morir.

Estas personas tenían un profundo sentido del deber y entendían que existía un compromiso y una obligación, algo que va más allá, algo más importante.

La batalla de Rocroi de los tercios españoles contra el francés, los 300 espartanos en las Termópilas contra el invasor persa, la revolución francesa, etc. En muchos casos no tenían ninguna posibilidad de vencer, pero la valentía no es la ausencia de miedo, sino actuar a pesar del miedo.

Enfrentarse a situaciones difíciles a pesar de las consecuencias y el miedo es coraje.

Debemos tener sentido de la responsabilidad y entender que muchas veces cuando algo no se da correctamente, la culpa es nuestra y solo nuestra, no hay excusas, enfrenta el problema, asume y busca una solución.

"Admira a quien lo intenta, aunque fracase"

Séneca

Coraje y responsabilidad para hacer lo que hay que hacer nos guste o no. El coraje ha de ser entrenado saliendo de la zona de confort, haciendo cosas que nos hagan sentir incómodos y vulnerables.

Aprende un idioma nuevo, apúntate a eventos deportivos, practica el hablar en público o tocar un instrumento en público. Son acciones que requieren coraje y nos hacen mejores porque nos prepara para situaciones adversas.

-Entrena tu capacidad de sufrimiento

No eres especial. Al exponernos voluntariamente en situaciones de desdicha o adversidad, ejercitamos nuestra mente, nuestro cuerpo y nuestro espíritu. Esta es una de las mejores formas de entrenar el coraje y la disciplina.

Infortunio viventem es un principio estoico que nos enseña a como debemos prepararnos en tiempos de bonanza y tranquilidad para las desgracias de la vida, no podemos pretender que siempre nos ocurran cosas buenas y vivir en épocas buenas, los malos momentos nos llegan a todos.

Debemos prepararnos constantemente previendo las situaciones de adversidad y preparando el cuerpo y la mente para cualquier infortunio.

"Tratar el cuerpo de forma rigurosa asegura su obediencia a la mente"

Séneca

Levantarse más temprano, ayunar, ducharnos con agua fría, deporte, obligarnos a estudiar, virtud. Estas cosas que nos ponen en situaciones incómodas nos engrandecen, nos hacen más duros y resistentes, pero también nos hacen agradecidos y más felices.

Es común en el estoicismo encontrar alegorías relacionadas con el ejercicio físico. Este es esencial para cultivar tanto la mente como el espíritu.

El correr es un ejemplo que nos enseña a ser perseverantes y constantes en nuestras metas. Del mismo modo que un corredor vence la fatiga y el cansancio y consigue callar su mente cuando le pide que pare, nosotros debemos vencer la procrastinación, la pereza, la gula y seguir levantándonos temprano, aunque cueste, para no parar de correr, para no parar de pelear por lo que queremos conseguir.

Los estoicos enfrentan la adversidad con gusto y aprenden de cada piedra o lección que encuentran en el camino. Tener la capacidad de hacer lo contrario de lo que te dicta tu mente es una cualidad humana y una herramienta que la sociedad y el sistema en el que vivimos no fomenta, porque es incómodo, porque no vende.

Marco Aurelio entendía la importancia de ponerse a prueba a uno mismo, exponiéndose deliberadamente a situaciones complicadas. Esto desarrolla nuestra disciplina.

"Cuanto mayor es la dificultad, más gloria se obtiene al superarla. Los pilotos hábiles obtienen su reputación en las tormentas y tempestades"

Epicteto

Imagina la desdicha de envejecer sin saber el límite al que puede llegar tu cuerpo y mente, sin conocer el máximo que puedes dar.

En la mitología nórdica existe una historia que es un ejemplo perfecto de coraje. Los dioses sabían que el lobo Fenrir sería quien desencadenaría el Ragnarok (apocalipsis) atacando a Odín, después de esto se destruirían los nueve mundos y el árbol de la vida que representa el universo.

Para intentar impedir esto, los dioses decidieron encargarse de tutelar y cuidar de Fenrir vigilándolo atentamente. Tyr, dios de la guerra y la Justicia, decidió encargarse de él, pero este creció hasta convertirse en una bestia que los superó en fuerza y era difícilmente controlable.

Los dioses pidieron a los enanos que hiciesen las cadenas más fuertes jamás construidas, para tratar de encadenar al lobo.

Cuando fueron a encadenarlo, los dioses le propusieron a Fenrir que intentara romper las cadenas como si fuera parte de un reto, pero este, aunque sentía su ego herido por las burlas de los dioses sobre que no podría romperlas, accedió solo con la condición de que uno de los dioses pusiera su mano en su boca para que en caso de que fuese una trampa arrancarle el brazo.

Tras un silencio, el único dios que accedió ante tal fatal destino fue el dios Tyr, el cual valientemente metió su mano en la boca del lobo mientras los demás dioses lo encadenaban. Cuando Fenrir vio la trampa, este le arrancó el brazo a Tyr, pero pudieron atarlo a unas rocas muy lejos donde permanecería hasta la llegada del Ragnarok.

El sacrificio de Tyr al dar su mano por intentar salvar a los demás de una adversidad lejana, es un acto de coraje y valentía.

Tyr era el dios de la guerra, pero también era un dios noble y justo, pues era inmensamente famoso por evitar guerras siempre que era posible, en lugar de provocarlas.

Intenta por ejemplo ayunar un día completo, la mayoría de las personas cuando piensan en 24 horas sin comer, lo primero en lo que piensan es que ellos no necesitan llegar a esos extremos, se puede hacer dieta comiendo saludablemente, y eso es cierto, pero no estamos hablando de adelgazar, estamos hablando del control de tus emociones, de tus instintos primitivos.

¿Cuánta gente es verdaderamente capaz de ayunar 24 horas voluntariamente sin importar lo que los demás piensen de ellos solo por entrenar nuestra capacidad de sufrimiento?. ¿Qué dirías si te retaran a dormir una sola semana en el suelo sin manta ni colchón?, experimentar la incapacidad de poder conciliar el sueño, los dolores de espalda, la angustia de saber que solo llevas 2 noches y aún faltan otras 5, todo esto hará o que abandones o que te curtas. Pero la primera reacción que suelen tener las personas ante tal reto es que eso es innecesario y que ellos no lo necesitan.

Todas las personas se creen especiales, todos creen que son la excepción y que no necesitan determinada cosa, que a ellos no les sucederá o que les saldrá a la primera. Pues déjame decirte que no eres especial, debes sufrir y sudar muchísimo. El universo no tendrá un trato especial contigo.

Aceptar esto es uno de los primeros pasos para crecer y convertirte en la persona idealizada que existe en tu mente.

Entrenar la capacidad de sufrimiento no sirve solo para convertirnos en personas más resistentes a la adversidad y ser más disciplinados, sino para aprender a controlar nuestros instintos primitivos, nuestra mente, hacernos más pacientes y como resultado, estar más satisfechos con nosotros mismos.

Imponernos incomodidades diariamente nos hace valorar más las cosas que tenemos y nos convierte en personas agradecidas. Privarte de placeres diariamente como quitarte los postres, la cerveza, u obligarte a dormir 5 horas, engrandecen el espíritu.

Los estoicos incluso decían que privarse del placer es más placentero que el placer en sí. Esto es porque la satisfacción que hay después de superar una tarea incómoda es más valiosa que sucumbir a la pereza y no salir de nuestra burbuja de cristal. Epicteto creía que la libertad verdadera se obtenía eliminando los deseos y no satisfaciéndolos.

El ser humano en su infinita grandeza tiene muchos "defectos" para quien así quiera verlos. Como por ejemplo, parece estar diseñado para la comodidad, nuestro instinto primitivo y nuestro lado animal nos hace preferir duchas calientes, comer aunque no tengamos hambre, dormir aunque ya haya salido el sol y, en definitiva, sucumbir a la comodidad. En nuestra sociedad la libertad de poder hacer lo que nos plazca se da por hecha, pero al igual que la humanidad ha ganado libertad política, de expresión y de muchas otras formas, debemos ganarnos la libertad de nosotros mismos.

Somos nuestro propio captor, somos rehenes de nuestros deseos, impulsos y tentaciones. Nos liberamos privándonos de deseos y luchando contra la comodidad. Debemos conseguir tolerancia a la frustración.

Las grandes empresas no nacen de la nada, los grandes negocios llevan a sus espaldas años y años de esfuerzo y dedicación y de un sacrificio descomunal de muchas otras cosas de la vida, como son los placeres.

Hay muchos placeres, que en exceso producen incluso enfermedades. Marco Aurelio decía que los placeres en exceso se convierten en castigos. No nos referimos a lo evidente, como son las drogas o el alcohol, sino a el comer, los videojuegos, el sexo, la televisión o el teléfono.

Prepara tu cuerpo y tu mente diariamente para los malos momentos que se presentarán en la vida, imponte restricciones y reserva momentos de la semana para experimentar situaciones difíciles. En un entorno con tantas comodidades, la única forma de hacernos disciplinados es con incomodidades voluntarias.

Séneca decía que no hay peor exceso que el exceso de comodidad, esto hace a las personas débiles y adquieren una imagen muy distorsionada de la realidad. Los humanos idealizamos la vida y sobre todo la vida que esperamos que nos acontezca, esto nos hace sentir frustrados y enfadados con nosotros mismos y el sujeto tiende a buscar culpables.

Los vicios y placeres son distracciones para nuestros objetivos, evaluarlos y preguntarnos si de verdad valen la pena es una forma de empezar a privarnos de ellos. Elimina todo lo que no sume, céntrate en la persona que quieres ser y corre a convertirte en ella.

En los excesos hallamos dolor, en la moderación y en las cosas bien hechas hallamos serenidad y felicidad.

-Evita la mentalidad de víctima

Rehúsa y veta por completo la mentalidad de víctima, los estoicos creían que culpar a los demás de nuestros propios errores es en sí mismo un error.

El mundo no gira a nuestro alrededor, nadie tiene la culpa realmente de las desgracias que nos acontecen. No existen excusas para la mentalidad estoica. La mayoría de las veces, el perder algo o no llegar a una meta no es más que una lección que nos da impulso para volver a intentarlo y conseguirlo.

En las escasas situaciones en las que no es así, debemos aprender a dejar ir, agradecer todo lo que sí tenemos y si hemos conseguido tanto en ese camino como en otros y seguir con nuestras vidas.

Séneca nos invitaba a que dejáramos que nuestras lágrimas fluyeran, pero que también permitamos que cesen. Puesto que según él, vivir en la comodidad y no pasar ni una adversidad o pena es ignorar la otra mitad de la vida. El que no se gobierna así mismo no es apto para gobernar. El éxito se construye con fracasos.

 Existen dos mentalidades que debemos eliminar completamente nada más iniciarse en el estoicismo, y son los remordimientos por situaciones del pasado y los miedos por sufrimientos del futuro, pues estos nos atascan en nuestro desarrollo personal.

Debemos valorarnos, puesto que somos nuestra obra perfecta y seremos nuestra propia obra final.

Séneca llegó a la conclusión de que muchas veces la tristeza, tenga el motivo que tenga, es una sofisticada forma de pereza, puesto que no hay nada que requiera menos esfuerzo que estar tristes.

Una buena forma de evitar la frustración es entender que, aunque somos capaces de conseguir lo que nos propongamos, a veces la vida nos dice que tal vez debamos centrar nuestra atención en otras cosas.

Por ejemplo, si queremos entrar en un cuerpo policial o militar y la estatura mínima es de 1,83 metros y nosotros medimos 1,60 metros, pues tal vez gastemos toda nuestra vida en conseguir cambiar el sistema para entrar.

"Cualquier cosa que te acontezca, desde la eternidad estaba preestablecida para ti, y la concatenación de causas ha entrelazado desde siempre tu subsistencia con este acontecimiento"

Marco Aurelio

El estoicismo nos enseña a dejar ir, asumir, no ser víctimas de nada, no intentar dar pena y ponernos manos a la obra con otros proyectos de vida que sí que están hechos para nosotros.

Cuando adoptamos una mentalidad de víctima estamos traicionando nuestro coraje y vendiéndonos, intentando conseguir algo como generar un sentimiento de tristeza en alguien, pero esto sin embargo, nos degradará, el estoico no muestra debilidad de esa forma.

Una cosa es la necesidad intrínseca del ser humano de comunicar a sus seres de confianza algún suceso duro que puede estar transcurriendo como la muerte de un amigo, Séneca dijo "no hay mayor causa de llanto que no poder llorar", pero otra muy diferente es fustigarse y regocijarse en la propia tristeza. Nunca intentes dar pena.

No pongas excusas, no defiendas tus limitaciones, deja de ser tu propio obstáculo, enfrenta el error, venga de donde venga y sigue luchando. Nunca dejes de luchar.

La autocompasión es una de las mayores mentiras que nos ha vendido la sociedad moderna. Algunos porque tienen falsos traumas en la adolescencia, otros porque tuvieron una infancia difícil, otros porque les han roto el corazón, etc. Ni siquiera la muerte de un ser querido es excusa para el victimismo y la autocompasión.

Es ridículo y denigrante para el ser humano y toda la grandeza que este representa, cuando vemos a personas intentando dar pena en las redes sociales o subiendo actualizaciones en las que no paran de denigrarse a sí mismos diciendo lo mal que se sienten o que no pueden hacer "x" cosa. Es la cómica imagen del individuo que se cae o sufre un accidente y grita despavoridamente en el suelo llorando mientras se graba así mismo con su teléfono móvil para subirlo desde que pueda.

El victimismo es uno de los mayores virus que tiene la sociedad actual en la que solo existen derechos, pero no existen obligaciones.

Hoy en día todo el mundo es víctima de algo, pero luego están las víctimas crónicas por así llamarlas. Estas son víctimas de todo, del trabajo, de las malas relaciones, de su pasado, del sistema y víctimas de la sociedad en general.

Cuando recurrimos a una mentalidad de víctima nos mostramos débiles, indefensos y damos a los demás el control de nuestra situación, poniendo nuestras decisiones y libertad en sus manos para que nos salven de la situación o solo por el detestable deseo de dar pena.

Lo peor es que muchas personas con mentalidad de víctima rehúsan de soluciones cuando el héroe que tiene que salvarlos lo intenta, piensan que son especiales y que no podemos entender su situación especial. Estas personas hacen uso de una especie de chantaje emocional con las personas en las que depositan la responsabilidad de salvarlos. Cuando consiguen llamar la atención de la gente o conseguir un trato favorable por parte de los demás, solo se agrava aún más esta actitud. Es normal haber actuado como víctima en alguna situación de nuestras vidas, sobre todo en nuestra adolescencia, todos somos humanos y cometemos errores, el problema es cuando pasan los años y no maduramos y seguimos estancados en recurrir a esta forma de actuar cuando ya hemos entrado en nuestra edad adulta.

La adolescencia es un periodo de crecimiento y aprendizaje donde cometemos infinidad de errores que nos convierten en las personas que somos, pero si seguimos cometiéndolos en la vida adulta, ese proyecto ha fracasado y hay que solucionarlo.

Tener mentalidad de víctima es ver la vida de una forma negativa en la que tú mismo no tienes la responsabilidad de tus acciones ni de solucionar el problema. Tomemos las riendas de nuestra vida, asumamos los errores y la realidad, la cual es que el mundo no gira a nuestro alrededor.

No hay nada más perezoso que esto, la actitud de víctima no es más que otra forma de pereza al fin y al cabo.

Las personas nacen cansadas hoy en día, siempre nos han dicho nuestros mayores que estamos en la flor de la vida y que deberíamos estar llenos de energía, pero las personas jóvenes viven cansadas, sin energías. Incluso hay adolescentes que viven cansados y sin ganas de nada.

Te aseguro que esto no sucede porque trabajan 13 horas diarias sin días libres, o porque están en un atlético plan de deporte muy exigente. Es porque tienen cansancio mental y no físico.

Cuando no queremos levantarnos de la cama para ir a correr o cuando no queremos levantarnos del sofá para ponernos manos a la obra con nuestro trabajo, tarde o temprano vendrá un sentimiento de culpabilidad. La comodidad es un asesino de nuestro progreso.

Establece normas inquebrantables en tu vida. Eres tu propia obra maestra.

Para evitar estas actitudes es necesario cuidar nuestro cuerpo, nuestra mente y nuestro espíritu. Si una de esas tres cosas fallan, el humano está incompleto.

Piensa en los demás y en lo que han tenido que sufrir en sus vidas, cada uno tiene su propia guerra interior y está luchando por salir adelante. Algunos lo hacen sin quejarse viendo el lado bueno de las cosas y creciendo, adaptando las adversidades como lecciones que más tarde se convertirán en medallas que otras personas les pondrán en el pecho. Intenta identificar qué clase de responsabilidad podrías tener tú mismo en las situaciones adversas que te suceden. Evita ese tipo de tristeza que puede llegar a ser adictiva.

Para terminar con el coraje voy a contar una historia. El comandante Miguel Ángel Franco fue un militar que se encontraba en una base de Mali en el 2017, el 18 de junio esta base fue atacada por un comando Yihadista, todo el mundo quedó paralizado, pero el comandante tomó la iniciativa y decidió actuar.

Dirigió a los civiles a una zona de rescate española, en el viaje un militar holandés dio su pistola al comandante español que se hallaba en un bañador rojo. Tuvo que pedir a una madre que tapara la boca a su hija que lloraba para que no fueran descubiertos.

Se enfrentó solo a los yihadistas, esperándoles pacientemente y abriendo fuego contra ellos. Ni siquiera él recuerda como consiguió escapar ante tal terrible situación, pero aunque el enemigo consiguió matar a varias personas, el comandante impidió que el número de bajas fuera mucho mayor al retener a la amenaza mientras los demás huían.

No tenía posibilidad de victoria por la superioridad de armamento del enemigo, pero él se puso de pie y se envolvió en una nube de disparos de la que no sabría si sobreviviría.

Al parar al enemigo, siguió su camino hasta la zona de rescate donde tuvo que volver a parar, las personas que estaban huyendo con él lo intentaron llevar, pero él se puso en pie, dijo que estaba bien y que siguieran su camino. Tenía los pies destrozados y solo podía arrastrarse con los pocos cartuchos que le quedaban en el arma.

El comandante Miguel Ángel Franco consiguió escapar y fue condecorado con la mayor condecoración militar europea.

Esto es un ejemplo de coraje, una persona que elige el sacrificio y hacer lo correcto, cueste lo que cueste. Decidió arriesgarse a morir para que los demás pudieran vivir.

El coraje es, en definitiva, una de las virtudes estoicas más importantes y está profundamente relacionada con la responsabilidad y la madurez. Al igual que las demás virtudes, esta requiere de entrenamiento diario.

Empieza hoy mismo a convertirte en la persona idealizada que, por ahora, solo existe en tu mente.

Templanza

"La tranquilidad de la mente es una joya extraña y preciosa que debemos procurar conservar siempre"

Marco Aurelio

Según el estoicismo, la felicidad está intrínsecamente relacionada a la tranquilidad o ataraxia, que no es más que un estado de serenidad, calma y autocontrol. Ataraxia es el control y el equilibrio emocional. Permanecer imperturbable ante situaciones adversas es ataraxia.

Debemos permanecer serenos ante las adversidades de la vida. La falta de virtud conduce inevitablemente a la infelicidad. Un ejemplo de falta de virtud son las adicciones, un adicto tarde o temprano será infeliz.

El ser humano es un ser racional, y la racionalidad existe dentro y fuera de nosotros, puesto que el universo sigue un mismo orden lógico y científico.

Otro ejemplo es la procrastinación, dejar las cosas que sabemos que debemos hacer para más tarde hace que lo hagamos mal o incluso no lo hagamos, esto nos trae intranquilidad.

Los estoicos defendían el trabajo duro, nos invitaban a aprovechar nuestros días sabiamente y mantenernos ocupados con labores sanas y correctas que nos generen un beneficio a largo plazo. Además de la satisfacción y la felicidad que el propio camino hacia esas metas nos aporta. Esto es virtud.

Es necesaria la disciplina para no hacer aquello que no contribuya a nuestros objetivos y no caer en los vicios. Permanecer imperturbable ante situaciones adversas y no tener deseos a los que sucumbir es lo que se denomina apatheia, esto es un estado donde no tienen lugar las alteraciones emocionales o un estado de "sin emociones" directamente.

"La libertad es no ser esclavo de ninguna necesidad"

Séneca

Pero esto no significa que no sintamos nada, significa entender que somos nosotros quienes decidimos que nos puede producir una emoción. La apatheia no es ser indiferente realmente, es controlar nuestras emociones y usar el filtro que es nuestra mente cuando percibimos la realidad, decidiendo que nos afecta y que no.

Séneca nos insta a no perder nuestro tiempo, nos recuerda que nuestro tiempo aquí es finito. Abogaba por no caer en nada que haga al ser humano dependiente, pues no hay nada más necio que el que siendo libre decide amarrarse renunciando a su libertad.

"Vigila constantemente tus percepciones, ya que estás protegiendo algo nada despreciable: tu respeto, tu valía, tu templanza, tu serenidad. En una palabra, tu libertad."

Epicteto

La serenidad supone la imposición de la razón, pensar con serenidad y racionalidad es clave para que las piedras del camino sigan siendo meras lecciones y no se conviertan en problemas.

Una de las cosas que nos diferencia del resto de animales es el pensamiento racional. Cuando permanecemos serenos pensamos de forma racional y el ser racionales nos mantiene serenos. El universo es racional y este está dentro y fuera de nosotros, al igual que la racionalidad en sí.

-Dicotomía de control

Para los estoicos, preocuparse por cosas que están fuera de nuestro control es una pérdida de tiempo y energía. Además, esto nos genera estrés y no nos permite pensar con claridad. Esto conduce a la infelicidad.

En un mundo de caos donde no puedes controlar nada, el permanecer indiferentes ante lo que no está bajo nuestro control nos aporta una serenidad inmensa.

Epicteto explicaba que ocupamos mucho espacio de nuestras mentes con problemas que ni siquiera existen y la mayoría de las veces no llegan a suceder. Decía que los hombres no son perturbados por los eventos que les suceden sino por la percepción que tienen hacia los mismos.

Si tiene solución, ¿por qué lloras? Si no tiene solución, ¿por qué lloras?.

Supongamos que haces un examen importante y no sabrás el resultado hasta dentro de una semana, apruebes o suspendas no tiene ningún sentido estar angustiado ante dicha incertidumbre.

Vayamos a un caso más extremo, supongamos que tienes síntomas de una enfermedad y decides hacerte unas pruebas cuyos resultados llegarán en dos semanas. Un estoico viviría esas dos semanas con la misma virtud, felicidad y serenidad que ha vivido siempre, pero supongamos que por el contrario, entras en un estado de angustia diario y de malestar, no puedes dormir por las noches y pierdes el apetito debido a la preocupación.

Cuando llegan los resultados son negativos y no tienes ninguna enfermedad. ¿De qué sirvió estar angustiado y preocupado?

Y en el caso de que efectivamente tengas esa enfermedad, ¿de qué te sirvió igualmente estar angustiado?. La preocupación no tiene ninguna utilidad cuando la enfocamos en zonas a las que no tenemos acceso, en situaciones sobre las que no tenemos ningún control.

Epicteto creía que el peor enemigo que podemos enfrentar somos nosotros mismos, nada puede afectarnos más que nuestra percepción de las cosas, entrenando la dicotomía de control, podemos conseguir que nada pueda afectarnos si nosotros no lo permitimos.

No son las cosas que nos ocurren lo que nos molesta, sino la percepción que tenemos de ellas.

"Imperturbabilidad con respecto a lo que acontece como resultado de una causa exterior y justicia en las cosas que se producen por una causa que de ti proviene"

Marco Aurelio

Si nos ponemos a meditar sobre el universo y la cantidad ínfima de tiempo en la que tiene lugar nuestra vida, nos daremos cuenta de que, en el fondo, nada tiene importancia, somos una mota de polvo y menos de un instante para la inmensidad del cosmos y del espacio-tiempo, nuestros problemas cotidianos son ridículos a ojos del todo.

Todo lo que nos rodea tendrá su final, nada perdura en el tiempo, entendiendo esto desarrollamos más fácilmente la capacidad de indiferencia en la que consiste la dicotomía de control.

James Stockdale fue un militar que luchó en la guerra de Vietnam, su avión fue derribado y aunque sobrevivió al accidente, fue capturado y convertido en prisionero de guerra durante más de 7 años en una terrible prisión vietnamita. Fue torturado física y psicológicamente y solo él sabe el sufrimiento que soportó por todo los tratos inhumanos que tuvieron lugar ahí.

Sin embargo, este militar fue un gran interesado por el estoicismo. Estudió a Epicteto y leyó largo y tendido sobre sus vivencias y enseñanzas. Epicteto fue esclavo durante 30 años, por lo que Stockdale se sintió profundamente identificado con él. Sobrevivió a esta situación y consiguió volver a casa. No había perdido ni su sonrisa ni su carácter.

Cuando le preguntaron quienes no sobrevivieron en aquella prisión, él respondió "los optimistas", los que tuvieron una mentalidad de que iban a escapar y ser liberados fueron los primeros en sucumbir y morir. El hecho de aceptar y asumir la horrible situación en la que estaba involucrado lo hizo adaptarse a la situación y sobrevivir.

Aplicó mejor que nunca en su vida la dicotomía de control y decidió que solo lo que él decidiera que puede afectarle le afectaría, usó el filtro que la mente hace de la realidad para que las cosas que le sucedieran tuvieran en él el efecto que permitiera. Fue recompensado con la máxima condecoración militar de Estados Unidos.

El ser humano tiene una cualidad muy poderosa y es la indiferencia, permanecer indiferentes y serenos ante situaciones adversas que están fuera de nuestro control es virtud.

"Tienes poder sobre tu mente, no sobre tus acontecimientos. Date cuenta de esto y encontrarás la fuerza"

Marco Aurelio

Reconocer y aceptar lo que está y lo que no está bajo nuestro control es esencial, debemos dejar ir aquello que no podemos controlar y ser felices.

El ocupar nuestra mente intentando controlar lo incontrolable nos agota mental y emocionalmente. La dicotomía de control nos libra de este suplicio generando templanza.

Zenón de Citio fue un filósofo griego que nació sobre el 334 aC, cuando era joven era un rico comerciante como su padre, pero naufragó con su barco y casi todas sus posesiones quedándose con nada más que su vida.

Completamente arruinado, decidió dejar la vida del comerciante y meditó profundamente sobre la vida y como vivirla. Zenón estudió a grandes filósofos de tiempos anteriores al de él y sacando sus propias conclusiones creó el estoicismo, impartió su escuela el resto de sus días.

"El hombre no está preocupado tanto por sus problemas reales como por sus ansiedades imaginarias sobre sus miedos reales"

Epícteto

Esto es un ejemplo de la dicotomía de control. Zenón, al ver que no podía recuperar su fortuna del fondo del mar, comprendió lo innecesario e inútil del apego a las cosas y supo dejar ir. En lugar de lamentarse, siguió creciendo por otro lugar.

Debemos cultivar nuestra templanza meditando, analizando con tranquilidad las situaciones que nos presenta la vida y actuando como en el fondo sabemos que debemos actuar, sin ceder a los vicios, la pereza, el ego o la injusticia.

Sentir arrepentimiento va en contra de la dicotomía de control, puesto que siempre es posible empezar de nuevo en nuestra vida, hacer un borrón y cuenta nueva en nuestras vidas es tan sencillo como nuestra percepción de la realidad y lo terca que pueda llegar a ser nuestra mente nos permita. Debes aprender a perdonar tus errores.

Marco Aurelio pensaba que es ridículo temer a los acontecimientos que puedan tener lugar en el futuro, pues al fin y al cabo los enfrentaremos de la misma forma que lo hicimos en el pasado. Nos recuerda que muy probablemente ya hayas pasado por situaciones iguales o peores, pero tendemos a olvidar lo que hemos pasado y recurrir al instinto primitivo de ponernos nerviosos y en tensión cuando se nos presenta un conflicto venidero.

Una mentalidad que nos puede ayudar a entrenar la templanza es darnos cuenta de que nada dura eternamente. Ni lo bueno ni lo malo permanecen para siempre en nuestras vidas y menos si trabajamos con disciplina y seguimos viviendo sin prestar más atención de la que verdaderamente merece una situación.

El universo en sí está en constante cambio y movimiento, nada permanece inmóvil, todo fluye.

En el hermetismo encontramos las enseñanzas de "como es arriba es abajo, como es fuera es dentro." El todo está en todas partes, lo cual hizo que los pensadores herméticos se cuestionaran si las cosas que nos suceden así como el mundo que nos rodea son simplemente manifestaciones "físicas" de como somos nosotros por dentro.

Si hay calma en nosotros, disciplina y organización, la habrá fuera en los propios hechos y sucesos de nuestra vida. Una mente perturbada y desorganizada manifiesta un mundo perturbado y desorganizado.

No se puede alcanzar la templanza si llevamos una vida caótica y desorganizada.

Los estoicos creían que para alcanzar la serenidad es necesario tener hábitos saludables y ser disciplinados. Como el deporte, el estudio o la buena alimentación.

"La felicidad y la serenidad son posibles cuando se vive acorde a la naturaleza y a la razón"

Séneca

Epicteto nació esclavo, fue comprado desde muy joven por un amo llamado Epafrodito, el cual era el secretario del emperador Nerón.

Este maltrataba cruelmente a Epicteto y era extremadamente duro con él y sus obligaciones. Un día Epafrodito comenzó a retorcerle la pierna en un arrebato de ira, a lo que Epicteto respondió, "si sigues la pierna se romperá". El amo siguió retorciendo su pierna brutalmente hasta que efectivamente se rompió, a esto Epicteto solo contestó con serenidad "te lo dije", sin mostrar debilidad.

El ser esclavo y pasar por esas penurias sirvieron para convertirlo en el sabio que fue y forjar una felicidad indestructible.

Epicteto consiguió su libertad cuando el emperador Nerón cayó y con él Epafrodito. Entonces fundó su escuela y comenzó a enseñar al mundo su mentalidad estoica y su espíritu de resiliencia.

"No podemos elegir nuestras circunstancias externas, pero sí como respondemos a ellas"

Epicteto

Esto es un buen ejemplo de como las personas crueles que nos generan adversidad, no son más que maestros en nuestra vida. El sufrimiento que nos generan, debe pasar por el filtro que nuestra mente imponga.

Esto desafía los instintos primitivos del ser humano, pero ciertamente ahí reside la grandeza del espíritu humano, la capacidad de sobreponer su corazón a lo que su mente le ordena.

Epicteto pudo ser simplemente un esclavo, pero su templanza y su coraje para enfrentar la vida lo hizo hacer escuela, una en la que tanto ricos como pobres viajaban largas distancias solo para escuchar su sabiduría.

El mensaje de Epicteto es atemporal.

"Ninguna persona es libre si no es dueña de sí misma"

Epicteto

Debemos ser moderados y no caer en los excesos ni en los impulsos primitivos. La templanza se da cuando controlamos nuestros deseos y atendemos a la razón. El triángulo estoico es esto mismo.

"Está en tu poder retirarte en ti mismo cuando lo desees, la tranquilidad consiste en el orden de la mente, el reino que nos pertenece"

Marco Aurelio

-<u>Amor fati</u>

Podríamos decir que el amor fati es algo así como llevar la dicotomía de control un paso más allá, ya que no solo estamos aceptando las cosas que no podemos cambiar y el resultado de nuestras decisiones, sino que nos estamos entregando a ellas y abrazándolas.

Amor fati quiere decir "ama tu destino", disfruta y aprovecha el papel que te ha tocado interpretar en la gran obra de teatro de la vida. Aprende y crece todos los días sin importar las condiciones o el lugar donde naciste.

Cuando amamos nuestro destino, amamos nuestra vida, sea cual sea y eso nos aporta una inmensa serenidad, es la guinda del pastel de la templanza.

"La felicidad no mira donde nace, sino a donde puede llegar"

Séneca

Séneca nos hablaba de aprovechar nuestro tiempo dirigido hacia un propósito, pero lo más importante es disfrutar del camino que elegimos y de la transición a la meta.

No tiene ningún sentido rememorar los sufrimientos del pasado, seremos infelices ahora porque fuimos infelices en el pasado, la indiferencia y la aceptación nos hace libres de estas cargas aplicando la dicotomía de control.

No olvides que te conviertes en aquello en lo que prestas atención, por lo que céntrate en lo que realmente importa.

Ama tu vida, tu destino, tu camino, tu familia y sé agradecido con lo que tienes. Plantea e imagina que pierdes lo que tienes o que nunca lo llegaste a tener, para apreciar así el presente de cada etapa de nuestra aventura, que es la vida. Vive.

Imagina que eres un marinero embarcado en un largo viaje, al salir del puerto te percatas de que el océano sacude el barco sin cesar haciéndote vomitar y sintiéndote muy mareado, no puedes dar media vuelta.

Las únicas opciones que tienes son saltar al mar y morir ahogado o asumir e intentar recuperarte, acostumbrar el cuerpo y de este modo intentar disfrutar del viaje. Llegarás a puerto, tomes la actitud de quejarte y afligirte, o tomes la actitud de asumir y mantenerte firme.

El barco es la vida y el marinero somos nosotros, que podemos dejarnos ser arrastrados por ella, tirarnos al mar y morir o asumir los hechos y ayudar a la navegación.

"El destino conduce a quien lo acepta, y arrastra al que rehúsa admitirlo"

Séneca

Nitzsche acuñó este término de amor fati como amor a lo que nos toca en destino y suerte. Para los estoicos, el universo sigue unas normas y una racionalidad a la que nada escapa, y está en el ser humano más que en el resto de animales, seguir esa racionalidad. Está dentro de nosotros. Conecta contigo mismo y encuéntrala.

Para los estoicos seguir esa racionalidad es seguir la ley del universo y eso nos hace estar en armonía con la naturaleza. Recuerda que los patrones racionales que sigue el universo existen en todas las cosas y eso nos incluye a nosotros. La racionalidad, por tanto, es inherente a nuestro código genético.

"No vivas según tus propias reglas, sino en armonía con la naturaleza"

Epicteto

Es importante destacar que no hablamos de conformismo. Nunca dejes de luchar y perseguir tus objetivos, pero acepta con templanza tus errores y fracasos y trátalos como lo que son, crecimiento y lecciones. No hay aprendizaje sin errores.

La capacidad de elegir como nos influye y afecta las situaciones de la vida es libertad y es virtud. Séneca decía que las cosas más difíciles de vivir son las más dulces de recordar.

Cuando nos abandona nuestra pareja está en nuestras manos elegir aceptarlo, asumir y crecer o, por el contrario, actuar con victimismo, ser irracionales sintiendo ira y lamentándonos de nosotros mismos.

Sentir dolor es inevitable, pero sufrir es opcional. Recordemos el principio estoico del coraje, pues debemos ser valientes para afrontar las adversidades y todo lo que venga con serenidad y moderación.

Acepta y perdona tus errores, el fateri errata es un principio estoico que nos explica que la excelencia no viene de la nada, tenemos que aceptar, ser pacientes y constantes, pero esto no es posible si vivimos en el pasado y no nos perdonamos nuestros errores. Acepta tu pasado.

Todo lo que suceda en nuestra vida es pasajero, tanto lo bueno como lo malo pasará, las adversidades también forman parte de quienes somos, nos forjan.

"La vida no es buena ni mala, sino un lugar para el bien y el mal"

Marco Aurelio

El cuento del perro y la carreta es un ejemplo de amor fati y una alegoría a la vida humana. En este cuento, un perro es atado a una carreta a la cual también hay atados dos caballos, obviamente mucho más fuertes y resistentes que él. Una vez comienza el viaje, el perro comienza a jadear y sentir agotamiento físico, mientras que los caballos aún están frescos y sin signos de cansancio. El perro llega a la conclusión de que puede asumir la situación, sufrir en silencio y disfrutar del paisaje y la brisa, o bien puede resignarse y dejarse arrastrar por los caballos brutalmente.

En ambos casos el perro llegará al destino, pero es elección suya como llevar a cabo dicho camino. En esta alegoría, los caballos son la vida o el destino, y nosotros somos el perro.

Nietzsche hablaba del concepto "el súper hombre", este consistía en una persona capaz de superarse a sí misma y a su propia naturaleza, un ser más allá de lo animal y de lo impuesto por la sociedad.

-Gratificación a largo plazo.

La sociedad actual está orientada a la gratificación instantánea, el vicio, la distracción y la serotonina gratuita a la que nuestro cerebro es adicto.

Con serotonina barata o gratuita nos referimos a que nuestro cerebro y cuerpo gusta de liberar una serie de sustancias que nos hacen sentir bien y satisfechos, pero en la sociedad moderna se promueven las maneras no virtuosas de obtenerlas y esto nos acaba haciendo infelices.

La pornografía, la comida basura, los videojuegos, las redes sociales y una larga lista de distracciones más, nos dan, de forma instantánea y sin ningún tipo de esfuerzo, satisfacción y felicidad. Esto nos aleja de la virtud abrazando la vida sedentaria e insalubre que nos hace enfermar y sentirnos atascados en la vida.

La sociedad actual no es moderada y está sobrealimentada. Antes se comía por necesidad, las condiciones de vida de las personas han mejorado (lo cual es muy bueno) hasta el punto de poder comer y comer, aunque ya no tengamos hambre. Es sumamente importante llevar una dieta equilibrada y comer las cantidades que nuestro cuerpo usa y necesita, comer es primero una necesidad y luego un placer.

Tenemos una cultura de comer a todas horas, desayunos fuertes, comidas de media mañana, almuerzos aún más portentosos, el postre, la merienda o unos snacks de entre horas, la hora del café con unos pastelitos o galletas, los picoteos de por la tarde viendo una película, la cena que en algunos casos es aún más contundente que el almuerzo y después de todo esto, si cabe, hay quien se desvela de madrugada con ganas de un atracón.

Comemos demasiado y comemos mal, la mayoría de los dietistas a los que puedes preguntar te dirán lo mismo, la sociedad está mal alimentada.

Tal vez, no haya habido momento en la historia con tantos casos de ansiedad y depresiones, tantos casos de personas que se sienten vacías y estancadas.

Estamos acostumbrados a comer aunque no tengamos hambre y a quedarnos siempre bien llenos. Para más inri, hay una enorme cantidad de productos que son insalubres, las verduras ya no son verduras y la carne está llena de químicos que no debería de tener. Luego están todas las bebidas carbonatadas y comida basura en lo que no entraremos porque es más que obvio y redundante.

Para ser moderados tenemos que controlar nuestra glotonería. Hay personas que sufren enfermedades como la diabetes y aun así no son capaces de controlar sus impulsos y deciden comer alimentos que saben que no pueden comer.

La gula, desde un punto de vista psicológico, es un intento subconsciente de solucionar problemas relacionados con el vacío. Pero lo cierto es que esto solo genera aún más problemas como la culpabilidad. El aburrimiento y la falta de emoción en la vida no se resuelven atracándonos a comer, sino buscándonos metas y actividades que nos supongan un reto. Combate tu ansiedad con deporte y llena tu vacío emocional con relaciones productivas y sanas. Prestemos atención a nuestros indicadores de saciedad.

Los alimentos pueden liberar endorfinas y proporcionarnos satisfacción instantánea, algunas personas usan estas satisfacciones momentáneas para hacer frente a situaciones complicadas de la vida como la depresión o la soledad.

Lo que mayor contribuye a formar nuestro comportamiento es sin duda la influencia que el entorno hace sobre nosotros. Entendiendo esto, puede ser que las personas nacidas en familias donde se come mucho o muchas veces al día hayan implantado en nosotros esos caminos neuronales que llamamos hábitos.

La solución es trabajar diariamente en tus proyectos, en crecer y en tratar de ser una persona honorable y sabía por medio de la disciplina. Levantarnos temprano, llamar a nuestros familiares o ir a visitarlos y tomar café con ellos si tenemos la inmensa suerte de poder llevar a cabo esa opción.

La gratificación a largo plazo consiste en que el resultado de conseguir una meta a largo plazo trabajando día a día es mucho más satisfactorio que pequeñas dosis de satisfacción diaria. Me explico con un ejemplo.

¿Qué satisface más?. La primera opción es estar todos los días durante un año, en el tiempo libre de tu día, que supongamos que son 3 horas, comiendo helado y reposando en el sofá, viendo tu serie favorita, acabas de terminar tu jornada de trabajo, ¿te lo mereces no?. Y la segunda opción es usar ese tiempo para ir al gimnasio, aprender un idioma o a tocar un instrumento.

En la primera opción conseguimos pequeñas dosis de satisfacción diaria y en la segunda sufrimos diariamente, al menos al principio. Sin embargo, la felicidad obtenida al final de ese año será mucho mayor que las pequeñas dosis de felicidad sumadas a lo largo de un año comiendo helado en el sofá.

El resultado es que al cabo de un año la segunda opción toca el piano o habla inglés, pero hay un resultado más que con la primera opción no conseguimos ni en pequeñas dosis. El resultado a largo plazo inherente a la segunda opción es la satisfacción personal. La auténtica felicidad.

La vida es sencilla si somos disciplinados y actuamos con moderación, no hay nada como la satisfacción del trabajo bien hecho. La felicidad postergada del trabajo duro y de los buenos hábitos siempre superarán con creces a la felicidad barata e instantánea, que no es exactamente felicidad sino satisfacción momentánea. Esto es virtud.

El estoicismo nos invita a priorizar las decisiones que nos beneficien a largo plazo sobre las que no, aunque no nos apetezca en ese momento. Esto es disciplina.

"Para ser feliz, hay que vivir en guerra con las pasiones y en paz con los demás"

Séneca

Privarse de lujos como dormir 8 horas y decidir dormir 5 para poder ir al gimnasio o a unas prácticas de conducir es felicidad postergada, es gratificación a largo plazo, es estoicismo.

A primera vista el ser humano se muestra reacio a este tipo de conductas y eso es por sus instintos primarios que le hace buscar la comodidad y el bienestar.

Salir a correr o ir al gimnasio nos genera incomodidad, no queremos hacerlo, pero una vez esto se hace un hábito, se convierte en un gusto adquirido porque comenzamos a ver los beneficios y el progreso. Busca siempre la satisfacción a largo plazo y no la instantánea.

Este tipo de conductas nos hace desarrollar paciencia y autocontrol. Séneca nos exhortaba a regular nuestras pasiones, moderar nuestros deseos y actuar en base a la razón, pero siempre sin criticar ni atacar a quien sucumbe a sus pasiones y es irracional, puesto que esto nos generará conflictos innecesarios, el estoicismo es un camino individual, no trates de convencer a nadie.

Solo nuestros pensamientos pueden hacernos sufrir. No se trata de frialdad ni desconsideración, es amor propio y madurez.

"El que peca, peca contra sí mismo; el que comete injusticia la comete contra sí y así mismo se engaña"

Marco Aurelio

Sabiduría

"La naturaleza nos ha dado las semillas del conocimiento, no el conocimiento en sí mismo"

Séneca

Para los estoicos, esta virtud era algo parecido al marco teórico, mientras que las otras 3 el práctico. Las 4 virtudes se complementan entre sí.

Sabiduría no es solo tener una gran cantidad de conocimientos y convertir al individuo en una enciclopedia, la sabiduría es también comportarse y actuar con racionalidad y sensatez.

Cuando actuamos de forma racional ante un problema y suprimimos los instintos primitivos como la ira atendiendo a la lógica, somos sabios. Para actuar con sensatez debemos ser prudentes y maduros, comportándonos con responsabilidad y justicia en nuestras decisiones.

La sabiduría es llevar la inteligencia un matiz más allá, consiguiendo que nuestras obras y pensamientos estén basados en el sentido común.

Debemos entender la importancia de la lectura y de ser autodidacta, nunca ha sido tan fácil en ningún punto de la historia de la humanidad acceder al conocimiento, tenemos la enorme suerte de acceder a la mente y a las ideas de las personas sabias que ya no están con nosotros por medio de la lectura, podemos adquirir información a un solo clic con las tecnologías.

El problema es que hacemos un mal uso de las mismas y no aprovechamos la enorme fuente de conocimiento universal, más bien decidimos caer en el entretenimiento y la procrastinación.

Los estoicos se muestran indiferentes ante el ganar o el perder, puesto que este tipo de vanidades no son las que llevan a la virtud, es más importante el camino hacia el ganar o el perder, el resultado no es más que una percepción humana de la realidad. Ellos defendían la humildad, ya que una persona no puede aprender lo que cree que ya sabe.

Todos los hechos que se dan en el universo tienen una causalidad, si pudiéramos tener en cuenta absolutamente todos los factores que influyen al golpear una pelota, la fuerza, el ángulo, la superficie en contacto, la densidad y resistencia del medio y un sin fin más de factores, podríamos determinar con absoluta precisión donde acabaría la pelota.

Si pudiéramos almacenar todos los datos de movimientos de una serie de partículas y computarlos en una operación, podríamos determinar que es lo que va a suceder en casi cualquier circunstancia. El problema es la complejidad de la situación y no si es posible o no.

Esto nos puede llevar a pensar que realmente el libre albedrío no existe y que el destino es algo real, ya que si todo está ya condicionado por los hechos que han ido sucediendo en cadena desde el principio de los tiempos, no tenemos realmente ninguna potestad en nuestras vidas ni en lo que sucederá, ni siquiera en lo que podemos o no podemos sentir.

Dicho esto, tenemos una razón más para quitarle importancia a cualquier acontecimiento que nos suceda en la vida y eliminar las preocupaciones. Lo que tenga que pasar pasará y no podemos hacer nada para evitarlo, sino actuar lo mejor posible.

Otras personas también creen en la idea de que realmente sí tenemos potestad sobre lo que nos acontece, al mismo tiempo que este principio de causalidad o condicionamiento se da.

La idea es que un "yo" que se manifiesta en todos los planos dimensionales toma las decisiones ni antes ni después de que acontezcan, ya que el tiempo realmente no existe.

Y, ¿qué es esto de que el tiempo no es real?, el tiempo no es más que una reconstrucción de la realidad que hace nuestra mente para poder interpretar el mundo que nos rodea. Según la física, el tiempo no existe realmente, un ser de 4 dimensiones vería el universo manifestándose su pasado, su presente y su futuro al mismo tiempo. Como si fuese un montón de fotogramas a los que en lugar de ver uno por uno podemos verlos todos a la vez.

Entender esto al cien por cien es imposible porque somos seres de 3 dimensiones, es como tratar de explicarle a un ser de dos dimensiones lo que es el volumen de una manzana, solo podría entenderla por secciones.

Hay ciertas condiciones en nuestro plano dimensional en que podríamos comprobar que estas teorías son ciertas, si fuese posible alcanzar la velocidad de la luz, en este lugar podríamos ver como el tiempo deja de existir o se para y vemos todo el universo sucediendo al mismo tiempo. Como nace y como muere.

Pero, ¿qué aplicación tiene esto al estoicismo?, pues teniendo en cuenta que no existe un libre albedrío y que todos los acontecimientos de nuestra vida están sucediendo realmente al mismo tiempo en una situación dimensional que nosotros percibimos y llamamos futuro, es completamente absurdo que sintamos algún tipo de preocupación o incertidumbre por como se solucionen las cosas en nuestras vidas.

Preferir ganar a perder es completamente normal, incluso motiva al individuo que recibe un refuerzo positivo o recompensa, pero esto no debe determinar en absoluto nuestra felicidad.

Rabikant Naval dijo que el deseo es un contrato que hacemos con nosotros mismos para ser infelices hasta que consigamos dicho deseo.

En el estoicismo aprendemos la importancia de ser felices durante el camino a nuestras metas, puesto que si no somos felices en el camino tampoco lo seremos en el destino, además hay destinos a los que nunca siquiera llegamos.

Por lo que no podemos permitirnos vivir una vida infeliz persiguiendo el dinero o la fama, debemos luchar inconmensurablemente hasta desfallecer, pero con alegría y virtud, manteniendo la templanza y la serenidad que aportan las cosas bien hechas y la racionalidad.

Debemos ser agradecidos por poder disfrutar de los bienes que nos da la vida o hemos conseguido, pero son elementos secundarios que adornan la auténtica felicidad que se encuentra por medio de la virtud.

"La sabiduría es el arte de aceptar aquello que no puede ser cambiado, de cambiar aquello que puede ser cambiado y de conocer la diferencia"

Marco Aurelio

Somos sabios cuando usamos los errores para crecer y no buscamos excusas o volvemos a cometerlos. No tropieces nunca con la piedra que está detrás de ti, nos decía Séneca.

Epicteto comparaba la mentalidad estoica con el ejemplo de quien disfruta mejorando sus bienes como su casa o posesiones materiales en general. El estoico disfruta mejorando su propio ser, moldeando y construyendo una versión pletórica de sí mismo, por y para sí mismo.

Es fácil llegar a la misma conclusión que Sófocles tantos siglos atrás. Ya pueden transcurrir los siglos que, en esencia, a veces absurda, a veces brillante, seguimos siendo la misma estructura celular andante, que puebla este planeta de maravillas y decepciones.

¿Nos ofrecen nuestros sentidos una visión correcta del entorno?. La construcción que hacemos en nuestro cerebro de la realidad no refleja lo que realmente sucede fuera, es una aproximación del mundo, el resultado de dicha construcción.

La imagen que percibimos del medio, viene determinada por el procesamiento que hace nuestro cerebro de la información que le da nuestros sentidos. De modo que la realidad de dos sujetos nunca será exactamente la misma. La psicología nos enseña que las experiencias vividas y la personalidad de cada individuo hace que cada uno construya y reorganice la información de maneras parecidas pero con resultados diferentes.

El universo percibido no es ni por asomo el real. Por ejemplo, los rayos infrarrojos o la luz ultravioleta no la podemos diferenciar, pero están ahí, la gama de colores y sonidos que nos perdemos es descomunal.

Las percepciones son la interpretación que por nuestras condiciones le damos a las sensaciones, de modo que cada uno percibe la realidad con su propio enfoque, con su propio filtro.

Las emociones que vivimos modifican químicamente nuestro cuerpo y cerebro, al igual que los químicos nos modifican a nosotros emocionalmente. Si estamos tristes o nos sucede algo malo, se dan unos procesos mentales con una composición química diferente a si estamos riendo o teniendo relaciones sexuales.

¿Qué criterio usamos para diferenciar la música del ruido?

Aunque todos tenemos nuestra propia versión de la realidad, el ser humano es capaz de aprender a percibir. Modifica su filtro de información y es capaz de decidir que nos afecta y que no. De esto se suele encargar, aunque no nos demos cuenta, la sociedad y la cultura.

Para concluir, no tenemos acceso a la auténtica realidad o no existe. La realidad es una construcción social, formada por todas las versiones de todas las personas que participan como receptoras de un entorno.

-Busca ideales sabios

Según la psicología, la mayor parte de nuestro comportamiento, actividades, gustos y miedos son una construcción que tiene como origen la influencia que el medio, nuestro entorno, ejerce sobre nosotros, y en menor proporción la predisposición genética.

Esto quiere decir que el medio, el entorno que nos rodea, tiene una capacidad enorme de moldear quienes somos, como somos y, por lo tanto, las cosas que conseguimos.

El colegio donde estudiamos, la crianza, la comida que comemos, las películas, la música, etc. Pero sobre todo, lo que sin duda más influencia ejerce sobre nosotros son las personas. Por esto es tremendamente importante que seamos selectivos con las personas que decidimos dejar entrar y participar en nuestras vidas.

Si tienes amistades que toman alcohol en todas las quedadas o que solo hablan de política, esto ejerce su efecto en ti. Mientras más cercana sea la persona más influencia tendrá en nosotros.

Toda la información que recibimos la guardamos de una forma particular. La mente puede dividirse en dos partes, la parte consciente y la subconsciente. En la parte consciente guardamos información de fácil acceso, como son las anécdotas que nos cuenta un amigo u operaciones matemáticas. En la subconsciente no es tan fácil el asunto, no podemos controlar lo que entra y se almacena ni podemos acceder a esa información fácilmente.

En esta parte de la mente, se guardan las influencias que sobre nosotros hizo el color de la camisa de aquel amigo que nos habló de aquella anécdota o la temperatura que hacía en la sala donde aprendimos esa operación matemática.

Almacenamos muchísima más información en el subconsciente que en el consciente, esto es como un sistema de supervivencia para no volvernos locos, toda la información subliminal va a nuestro subconsciente.

Es muy difícil intentar hacer uso de la información de esa "caja fuerte", muchas veces en los sueños, en el mundo onírico, se dan una gran variedad de mensajes que pueden tener cierta relación con la realidad.

Un ejemplo es la nostalgia, el ser humano tiende a recordar situaciones del pasado mejor de lo que realmente fueron, idealizándolas.

El mundo onírico es donde podemos hablar con nosotros mismos, a pesar de la complejidad del ejercicio. El subconsciente nos revela como nos sentimos, las cosas que nos preocupan en ese momento de nuestras vidas, etc.

Pasemos entonces a la situación de los ideales, esas personas que en nuestra mente son un ejemplo a seguir.

Tenemos que tener muy en cuenta que el ser humano copia hasta tal nivel consciente y subconscientemente a los ideales que tiende a imitarlos, desde sus acciones e ideas, hasta sus gestos más sencillos.

Los ideales ejercen un enorme poder sobre nosotros, pero el estoicismo nos enseña a elegirlos sabiamente. Marco Aurelio hizo especial hincapié en la importancia de buscar a otras personas para conseguir orientación e inspiración.

"Nuestra vida es lo que nuestros pensamientos crean"

Marco Aurelio

Entendiendo esto, no es complicado llegar a la conclusión de que nosotros ejercemos una influencia subconsciente en nosotros mismos.

El cómo vestimos, cómo hablamos y cómo nos movemos, la forma de respirar y una infinita lista de factores que nacen de nosotros mismos, nos influye y por eso debemos tener un buen comportamiento y lenguaje corporal, no solo por nosotros sino por el entorno sobre el que influimos.

Marco Aurelio abogaba por llevar siempre una conducta decorosa y respetuosa, pero no solo por lo obvio que tiene que ver con los demás, sino por como nos afectamos nosotros mismos cuando usamos un lenguaje soez.

Las cosas que decimos y como lo decimos, la ropa que usamos y los colores de la misma no solo tiene efecto inmediato sobre las personas y el medio, sino sobre nosotros mismos. Ser consciente de esto nos ayudará a elegir referentes sabios, siendo nosotros uno también.

"Habla, sea en el senado, sea ante cualquiera, con elegancia y certeramente. Utiliza una terminología sana"

Marco Aurelio

Poner nuestra atención en personas que han logrado ya nuestras metas nos da enfoque y perspectiva. Además de ser una actitud inteligente, puesto que podemos recibir consejo sobre sus experiencias y no caer nosotros en los mismos errores.

¿Quién nos puede dar mejor consejo sobre como cocinar o como navegar que un cocinero o un marinero?. Tenemos las vivencias de nuestros padres, que muchas veces ya han pasado por nuestras situaciones y, aún así, no solemos aprovecharlas. Escucha a tus mayores, en ellos existe todo un jardín de vivencias por el que pasear y aprender, las historias que nos cuentan hacen que el linaje de una familia y el progreso en general del ser humano se transmita correctamente.

¿De qué sirve a una sociedad avanzar y crecer durante toda una generación si la siguiente no tendrá esa sabiduría?

Lo que nos haga tener hábitos saludables y nos haga crecer, es el camino. Lo que no, debemos desecharlo de nuestras vidas o permanecer indiferentes. Esto es sabiduría, esto es virtud.

"Las opiniones y problemas de otras personas pueden ser contagiosos, no te sabotees a ti mismo adoptando involuntariamente actitudes negativas y no productivas a través de tus amistades con otros"

Epicteto

Ahora me gustaría hacer una pequeña reflexión personal con el lector. Creo que para tener un entendimiento más amplio y completo sobre todo esto descrito por último, es necesario entender lo siguiente.

Desde un punto de vista físico y científico, en el universo todo está construido con el mismo "ladrillo", o prácticamente todo, este ladrillo son los átomos. Estos átomos están compuestos de partículas subatómicas, protones con carga positiva y neutrones con carga neutra en el núcleo, unidos por la energía nuclear fuerte. A grandes distancias del núcleo se encuentran los electrones girando a grandes velocidades con carga negativa. Pero no son más que cargas positivas, negativas o neutras, son energía que vibra simplemente.

Somos, por ende, junto a todo lo que nos rodea energía vibrando, emitiendo radiación y entremezclándose unas con otras.

Entonces, cuando se da una conversación, a efectos básicos, no son más que dos grupos de energías vibrando y entremezclándose entre sí con ondas de sonido, de luz y demás ondas electromagnéticas.

Cuando ambas ondas se mezclan, se da una onda nueva, resultado de las dos. Cuando alguien nos habla o le vemos, nos está llegando su energía moldeando y mezclándose con la nuestra y viceversa.

Nuestra vibración que cambia da lugar a un estado electromagnético distinto al que ya teníamos. Esa nueva vibración puede ser una idea que nos han creado, una conclusión o una historia, información.

Creo que recalcar esto es valioso para entender la magnitud que el medio ejerce sobre nosotros, pero sobre todo las personas que nos rodean.

Decora tu obra de teatro con papeles significativos, con personas que realmente te llenen con sus conversaciones y te inciten a buenos hábitos. La vida es una flor cerrada que se abre y brilla solo cuando obramos bien.

Volviendo ahora al estoicismo, es vital para el resultado de la vida que queremos y el camino hacia ese resultado, hacer una buena elección del entorno y de las personas que nos rodean. Sobre todo de aquellas a las que idealizamos.

-Ignora a los que no sumen

Las personas que pasan por nuestras vidas son maestros que nos dan enseñanzas. Pero aplicando la dicotomía de control, siempre que esté en nuestra mano, debemos ignorar a todo lo que nos retrasa, nos incita o nos tiente a dejar de remar en el barco que somos y en el mar de la vida. Ten en cuenta que mientras más vicios y placeres abrazas a más dueños debes de servir, puesto que estos te roban tu libertad.

Quien sientas que no sume a tu causa no tiene lugar en tu vida, líbrate de esa persona. Las personas que tienden a los vicios y los malos hábitos pueden influir negativamente en nuestra disciplina y en nuestros proyectos de vida, alejándonos cada vez más de la virtud y, por lo tanto, de la felicidad.

No todos estarán de acuerdo con el camino que hemos elegido y siempre habrá discrepancias, no hay que perder el tiempo intentando convencer a nadie de nada.

Céntrate en ti, ni siquiera es aconsejable contar tus planes e ideas a todo el mundo, crece en silencio y en calma. Recuerda que el estoicismo es un camino individual, no es política. No expliques tu filosofía, encárnala.

"Muchas veces me pregunto cómo es que cada hombre se ama más a sí mismo que a los demás, pero a pesar de todo, le da menos valor a sus propias opiniones que a las opiniones de otros"

Marco Aurelio

Permitir que la negatividad de las personas y la negatividad en general entre en nuestras vidas, puede incluso generar dudas en nosotros mismos y en nuestros proyectos.

"La clave es acompañar a las personas que te animen, cuya presencia es la mejor posible"

Epicteto

Marco Aurelio decía que la mejor venganza es ser diferente a quien causó el daño, la indiferencia es una herramienta humana muy útil. Enfócate en tus acciones, filtra todo lo que entre en tu vida, enriquécete de las experiencias de los demás y escucha el doble de lo que hables.

"Cuánto tiempo ahorra el que no se da la vuelta para ver lo que su vecino hace, dice o piensa"

Marco Aurelio

-Reflexión y autoevaluación

Los estoicos siempre hablaron de la importancia de la autoevaluación y reflexionar todos los días de lo que hemos hecho y nos hemos propuesto hacer. Tomarse un momento para evaluarnos cada día nos permite identificar errores, adquirir otra perspectiva y avanzar. Marco Aurelio abogaba tanto por revisar como por planificar minuciosamente nuestros días.

Cuando acabe tu día reflexiona, ¿he hecho todo lo que me propuse hacer?, ¿he actuado como la persona que quiero ser actuaría?, ¿la persona ideal en la que me quiero convertir haría esto que hice?. Pregúntate a ti mismo que puedes mejorar y compárate siempre con tu "yo" ideal y como actuaría.

"¿Es tu propósito en la vida estar cómodo y no esforzarte por nada? ¿Naciste para hacer solo las cosas fáciles?"

Marco Aurelio

Cuestiónate siempre si estás en el camino de la virtud o del vicio. Analiza qué te pierde y qué hace aguas en nuestro barco por muy pequeña que sea la gotera. Seamos minuciosos con nosotros mismos, pues somos nuestro mayor proyecto.

Quien comete un error una vez, es un error, dos se convierte en estupidez. Epicteto decía que sin razón se queja del mar el que navega otra vez.

El tiempo corre y lo hace cada vez más rápido, los meses cuando somos pequeños parecen años, y los años cuando somos adultos parecen meses. Cada día es una nueva oportunidad para ganar gloria y crecimiento interior.

No consiste solo en evaluarnos a nosotros mismos, sino nuestro entorno, el medio en el que vivimos ejerce una enorme influencia sobre nosotros, por lo tanto, debe ser óptimo para el trabajo y la alegría. El orden y la limpieza desempeñan un papel fundamental en nuestras mentes y, como consecuencia, en nuestros proyectos.

"El tiempo es un río que arrastra todo lo que nace"

Marco Aurelio

El principio de reflexión y autoevaluación nos ayuda a identificar hábitos que nos están distrayendo. Como dijo Séneca, la vida es corta y la estamos desperdiciando en su mayor parte.

Muchas personas no pueden concentrarse al retirarse en sí mismas para analizar y meditar sus asuntos, en seguida se distraen o se quedan estancados en un pensamiento en lugar de hacer una reflexión real y elaborada. Nos distraemos con facilidad, es como si cada vez tuviéramos menos capacidad para concentrarnos.

Uno de los motivos es la ansiedad, la cual es mayormente producida por la incertidumbre ante un acontecimiento del futuro que no sabemos aún como se resolverá.

Cuando esto suceda aplicamos dicotomía de control, no puedes darle importancia ni peso a acontecimientos que seguramente cuando se den no serán tan malos como creías, y si resulta que son incluso peores piénsalo, ¿qué más da?. Recuerda que en el fondo nada tiene importancia y que todo acaba, tanto lo bueno como lo malo. Uno está perjudicado solo si cree que lo está.

El pasado no tiene ninguna solución, así que es una pérdida de tiempo sufrir por él, y el futuro está por determinar por lo que tampoco podemos hacer nada. Nuestra zona de acción es el presente.

Existe otra herramienta estoica que es el praemeditatio malorum o visualización negativa, esta consiste en ponerte en la peor resolución del tema en cuestión.

Cuando abrazamos deliberadamente uno de nuestros miedos o preocupaciones, nos familiarizamos con la situación. Terapéuticamente, esto obtiene unos resultados inmediatos.

Entiende que muchas de las situaciones en nuestra vida que nos parecen desafortunadas, ya han sido superadas por otras personas. Recuerda que no son realmente malas, ya que siempre aprenderás algo de ellas.

Un factor determinante cuando tenemos incertidumbre sobre el futuro, es cuando definitivamente sabemos que lo que tememos sucederá.

Entonces ya no existe lugar para la angustia, asume y entiende que ya no queda otra y que debes enfrentar la situación. Solo nuestros propios pensamientos pueden perjudicarnos.

Marco Aurelio escribía mucho sobre su propia vida como un refugio mental de autoevaluación. Muchas veces necesitamos escribir y expresar las situaciones que tenemos durante el día de mañana y las del día de ayer para aclarar nuestra mente y pensar con racionalidad, ver más nítidamente que es lo que está sucediendo.

Tenemos que ser conscientes todo el tiempo de qué estamos viviendo y qué está pasando en cada etapa de nuestra vida, porque quien no sabe donde está, lo que está haciendo y por qué lo está haciendo, pasa por la vida como un ente perdido, viendo pasar los días y generando a sí mismo estrés, pierde la serenidad y, por lo tanto, la templanza.

Los estoicos hacen hincapié en enfocarnos en el presente, esta es nuestra zona de acción, ser completamente conscientes de donde estamos, a donde nos dirigimos y por qué hacemos lo que hacemos.

> "No hay viento favorable para el velero que no sabe a donde se dirige"
>
> Séneca

Cada mañana, planifica en un diario o en un papel punto por punto todo lo que tienes que hacer y ponte manos a la obra tachando cosa por cosa y siente la satisfacción. Decide quién quieres ser y simplemente ve a por ello, esculpe a tu persona ideal.

Recuerda que eres tu propio refugio para meditar cada noche y planificar cada mañana. Esto es virtud.

La risa es una herramienta excelente para combatir las ansiedades del día a día. Reír todos los días es beneficioso para nuestras funciones cerebrales, ya que el área del cerebro que se encarga de generarla y procesarla está relacionada con la de detección de errores y búsqueda de la lógica en supuestos absurdos.

Los hombres y las mujeres procesan la risa de forma diferente debido a las diferencias fisiológicas que existen entre ambos cerebros, la mujer necesita por lo general de un humor más sofisticado que absurdo para generar la risa.

La risa es salud, libera sustancias en el cuerpo beneficiosas para el mismo, una de ellas es bastante parecida a la morfina, tal vez por esto cuando nos reímos en lugar de enfocarnos en el dolor sentimos menos dolor.

Psicológicamente, ayuda con el tratamiento del estrés, la depresión y la angustia. Físicamente, oxigena el cuerpo, regula el ritmo cardiaco, ayuda a trabajar al aparato digestivo y trabaja la zona abdominal.

Así que ríe, de ti mismo incluso. Cambia tu vibración a una en la que estés receptivo a las cosas que te van sucediendo.

Justicia

Cuando escuchamos justicia lo relacionamos con el sistema jurídico de un país o con sus leyes, pero en el estoicismo no se habla de leyes de naciones, sino de obrar de manera justa.

Las normas de una nación pueden ser buenas, malas o indiferentes, pero existen otras normas que se basan en fundamentos éticos y en el sentido común.

Marco Aurelio abogaba por ayudar a los demás, él creía que la naturaleza nos había creado para ello, todas las personas tienen un interés mayor o menor de hacer el mundo un lugar mejor y la mejor manera de conseguir esto es cooperando unos con otros.

En el estoicismo se habla de que existe desigualdad entre los seres humanos, pero no porque unos tengan menos derechos que otros por cuestiones discriminatorias, sino porque a la hora de repartir una cantidad de bienes no todas las personas merecen lo mismo.

Según el estoicismo, ahí reside la diferencia entre igualdad y equidad.

Por ejemplo; supongamos que dos niños tratan de ver qué hay por encima de un muro, pero aunque uno es más alto que el otro, ninguno de los dos es capaz de ver que hay detrás del muro. Nosotros disponemos de unos ladrillos que pueden servir a modo de peldaños, disponemos de 6, la igualdad sería que ambos recibieran las mismas cosas, es decir 3 peldaños por niño, pero el niño más bajo no consigue ver por encima del muro con solo 3 peldaños, necesita 4. El niño más alto con 3 peldaños se asoma hasta el pecho por encima del muro. Pero es igualdad de condiciones a la hora de repartir un bien.

No obstante, si damos 4 peldaños al pequeño y 2 al alto, ambos pueden ver sin problemas. Esto sería equidad.

A la hora de beneficiar con cualquier bien a una cantidad determinada de personas, hay que tener en cuenta las aptitudes y las actitudes de cada uno para ser realmente justos. De este modo llegamos a la conclusión de que no todos merecen lo mismo, el delincuente no merece lo mismo que el que es buena persona y respeta las normas, el rico no merece ni necesita lo mismo que el que pasa necesidad.

Por otro lado tenemos las recompensas, hay situaciones en las que 2 personas necesitan desesperadamente los bienes que vas a repartir, pero uno de los dos merece más recompensa que el otro.

Un ejemplo puede ser imaginar a dos personas en situación de necesidad que viven en la calle. Uno de los dos pide todos los días sentado en el suelo que los demás sean clementes con él y que lo compadezcan con la mano en alto. El otro sin embargo, decide hacer trucos de magia, pintar a los que pasan andando por las calles o toca la guitarra. ¿Quién crees que merece ser mejor recompensado?

Mientras que uno se lamenta sobre sí mismo y busca compasión, el otro asume su situación y lucha por buscarse la vida, haciendo feliz a los demás. Ambos merecen ayuda, son seres humanos, sintientes y emocionales, pero hay cualidades en el otro dignas de recompensar.

Epicteto decía que ofensa hace a los buenos el que a los malos perdona. Hoy en día existen muchos problemas políticos en los países más desarrollados por la forma en la que se premia al delincuente y se exprime al trabajador que paga sus impuestos. Esto genera conflictos.

Es inviable en una sociedad desarrollada que un asesino o un violador pueda campar a sus anchas, o que el hacer uso de la defensa personal cuando alguien entra en una casa a robar o a dios sabe qué más, el que defiende a su familia acabe teniendo problemas con la ley.

"Si no conviene, no lo hagas; si no es verdad, no lo digas. Sé dueño de tus inclinaciones"

Marco Aurelio

Esto no quiere decir que no debamos sentir compasión y muchísimo menos tratar de forma desagradable a las personas que hacen este tipo de cosas. Debemos ayudar siempre que esté dentro de lo posible y ser respetuosos con el prójimo. Recuerda actuar con virtud sin criticar ni atacar a las personas que sucumben a sus pasiones y son irracionales.

Esto sigue el principio estoico de templanza y por lo tanto nos aportará serenidad a largo plazo. Como ya hemos dicho, las virtudes y principios estoicos están relacionados y se complementan entre sí, como un puzzle de procedimientos a seguir.

"No malgastes más tiempo argumentando acerca de lo que debe ser un buen hombre. Trata de ser uno."

Marco Aurelio

Recuerda actuar siempre con racionalidad y serenidad, este tipo de actitudes nos ayuda a entender mejor el camino a seguir y es virtud.

Musonio Rufo fue un filósofo estoico del siglo I. Él decía que cuando hacemos algo bueno, con mucho esfuerzo y dolor, el dolor desaparecía mientras que lo bueno perduraba. Por el contrario, si hacemos algo malo por placer, el placer pasa rápido, pero lo malo perdura. Musonio explicaba que para ganarnos el respeto de los demás tenemos que ganarnos nosotros mismos el nuestro primero.

Debemos ser ecuánimes, tanto con los buenos como con los malos y tratar en específico a cada uno como realmente se merece.

Para juzgar con justicia debemos juzgar al crimen siempre y nunca a la persona, que un castigo sea más probable o más severo con una persona que ha cometido el mismo crimen que otra, solo por sus apariencias o porque no nos llevamos bien con esa persona, es injusticia.

Se debe, una vez más, actuar con moderación y responsabilidad. No actúes en este ámbito para el bien propio o tratando de obtener un beneficio. Recuerda que se hace el bien para hacer el bien y no para nuestro bien, ni siquiera para obtener reconocimiento, las medallas nunca se las pone uno mismo.

"La recompensa de una buena acción es haberla hecho"

Marco Aurelio

Epicteto decía que las acciones de una persona virtuosa no son ninguna por las apariencias, sino por hacer lo correcto sin esperar ningún tipo de reconocimiento.

El estoicismo nos dice que debemos respetar la característica pública de algo público y la característica privada de algo privado. Para actuar con justicia debemos actuar con honradez y ser honestos en cualquier situación

"Es agradable ser importante, pero más importante es ser agradable"

Epicteto

Solo cuando actuamos según los principios estoicos alcanzamos la sabiduría suficiente y la virtud necesaria para actuar realmente con justicia. Recuerda el triángulo estoico. No se puede alcanzar la felicidad en una vida caótica.

La justicia no es un conjunto de acciones, sino una forma de vivir la vida y un camino.

Si nos dejamos llevar por la ira, los vicios, el descontrol y tomamos una vida caótica, no seremos capaces de actuar con la serenidad de una mente sana, despejada y enfocada, por lo tanto, no seremos capaces de actuar con racionalidad ni obrar justamente.

"La amistad y la enemistad procede de la voluntad"

Séneca

-Evita la ira

La ira es una emoción primitiva que debe ser controlada si queremos obrar con justicia. Recuerda que una de las cosas que nos diferencia de los animales es obrar con racionalidad. Dominar la ira es virtud.

La ira nos lleva a cometer una infinidad de errores, va en contra del principio fundamental de la templanza y muchas veces conduce al arrepentimiento.

Para gestionar nuestra ira debemos hacer uso de la dicotomía de control, el poder mostrar indiferencia a las cosas que no podemos cambiar hará que centremos nuestra atención y energía en cosas más útiles.

"Una buena conciencia no teme castigo alguno"

Séneca

No obres bajo la ira, pues cometerás errores de los que te arrepentirás, actúa con serenidad aunque parezcas ridículo ante otros, trata con calma y habla educadamente a la persona que te grite todos los días o sea descortés contigo en el trabajo. Tu conciencia estará siempre tranquila.

Si nos fijamos, la mayoría de las veces que sentimos ira y nos enfadamos son por cosas que realmente no tienen solución y al no poder cambiarlas nos genera una ansiedad y nos sentimos impotentes.

Muchas veces sentimos ira por cosas que incluso ya han sucedido, y que no tenemos ninguna forma de volver al pasado para cambiar como cuando decimos una tontería o hacemos el ridículo. Sentir ira o vergüenza no tiene ningún sentido y es una pérdida de tiempo.

Si hablaste mal a alguien y sientes arrepentimiento, discúlpate con esa persona y sigue tu camino habiendo aprendido la lección, pero no te fustigues más.

Recuerda que sentir dolor es inevitable pero sufrir es opcional.

"La ira es un ácido que hace más daño al recipiente donde se almacena que a cualquier cosa en la que se vierta"

Séneca

Reflexiona sobre qué sentido puede tener entonces sentir o hacer uso de algo tan dañino como la ira. El estoicismo nos enseña a controlar nuestras emociones e impulsos.

Es necesario hacer uso de la empatía y de la razón para actuar con justicia y evitar la ira.

Ponerse en el lugar de la persona que nos está generando una situación adversa puede ayudarnos a ver la situación desde otro enfoque y no sucumbir a la ira. Es correcto intentar ayudar a los demás en lugar de sentir ira por ellos cuando nos generen un conflicto. La mejor forma de resolver la mayoría de los problemas es con el diálogo y la racionalidad.

Esto no quiere decir que nos convirtamos en pusilánimes que son fácilmente usados con descaro aprovechando nuestra buena conducta y civismo. Debemos defender nuestra dignidad moral y física cuando sea necesario y la de los demás.

Recuerda que hay que actuar basándonos en el sentido común y ser razonables. Debemos procurar vibrar siempre en alegría y serenidad, esto hará que, por simpatía, atraigas lo mismo a tu vida y harás que las personas que te rodean perciban una predisposición a ser más amables y receptivas.

No permitas que los hechos externos del día a día perturben tu mente más de lo necesario. La ira nos hace más daño a nosotros que en quien la depositamos.

La ira, el miedo, el odio y demás sensaciones tóxicas son solo una cuestión de perspectiva y no nace en el conflicto externo sino dentro de nosotros. Por lo tanto, podemos no hacer uso de ella y eliminarla. Es imposible usar la ira sin tener consecuencias.

"Incontenida, la cólera es frecuentemente más dañina que la injuria que la provoca"

Séneca

Cuando te encuentres en una discusión, ponte siempre en el lugar de la persona contraria e intenta averiguar por qué actúa así, pregúntate a ti mismo si tú actuarías de ese modo también en el caso de haber pasado por esa situación. Esto puede hacerte entender mejor a las personas y sus problemas y hacerte cambiar el enfoque de la situación.

Séneca creía que el hombre sabio se preocupa por la intención de sus acciones, no por sus resultados. Nuestra acción inicial está siempre bajo nuestro dominio, pero es el azar quien determina realmente su final.

Por ello debemos obrar siempre con virtud y evitarnos, luego en nuestras reflexiones, remordimientos.

"Si alguien puede refutarme, mostrarme que estoy cometiendo un error o que estoy mirando las cosas desde una perspectiva incorrecta, con mucho gusto cambiaré. Es la verdad lo que busco, y la verdad nunca perjudicó a nadie"

Marco Aurelio

Medita cuando vayas a comprar al supermercado sobre la persona que te atiende, cuando vayas en el taxi sobre el taxista, en un gran centro comercial en medio de toda la aglomeración sobre las personas que te rodean, en la calle o en una gran ciudad. Todas y cada una de esas personas tienen sus propias batallas internas y están luchando por llevar su vida lo mejor posible. Al igual que tú.

Cada uno tiene sus propios problemas en casa, con la familia, con el trabajo, etc.

Algunos pueden parecerte insignificantes, otros no tanto, pero el caso es que cuando nos paramos a analizar a las personas corrientes nos damos cuenta de dos cosas. Primero de que no son tan corrientes como pensábamos, y segundo que comparten una gran cantidad de similitudes con nosotros.

"Es más necesario que el alma se cure que el cuerpo, porque es mejor morir que vivir mal"

Epicteto

Recuerda que la persona que te está generando ira es un maestro que ha venido a enseñarte algo. La casualidad no existe, lo que existe es la causalidad, es decir, todo está sucediendo por algún motivo, fruto de la ley de acción - reacción.

"Todos los asuntos tienen dos asas, por una son manejables y por la otra no"

Epicteto

La psicología nos enseña que el comportamiento de las personas es el resultado de la influencia que el medio ejerce sobre ellas y, en menor proporción, su predisposición genética.

Nuestro tiempo en este plano es limitado y perder el tiempo que se nos ha dado en vanidades del día a día no tiene ningún sentido. Séneca creía que la armonía total de este mundo está formada por una aglomeración natural de discordancias. Es decir, que la vida son una serie de conflictos entrelazados entre sí.

Hay personas que trabajan bajo situaciones de estrés y aprenden a amar ese estrés en dosis controladas. Al principio es complicado, pero cuando llevamos un tiempo en la oficina, en el barco o donde trabajemos, el estrés se hace adictivo y nos convertimos en adictos al trabajo, nos hace sentir realizados y satisfechos.

Muchas personas cuando llega el periodo vacacional disfrutan de los primeros días pero más tarde, cuando va terminando el periodo, comienzan a sufrir estrés en casa, necesitan estar ya ocupados, incluso genera problemas dentro del núcleo familiar.

El trabajador ansía mantenerse ocupado y volver al trabajo, cuando no es así, se siente atascado y aburrido. Muchas veces comienza a hacer otro tipo de actividades que también generen una recompensa.

> *"Vive con el subordinado tal cual quisieras que el superior viviera contigo. Siempre haz con el esclavo no más que lo que quisieras hiciera contigo un dueño"*
>
> *Séneca*

Luego tenemos al otro tipo de personas. Las que cuando se les va acabando las vacaciones van sufriendo un estrés "post-vacacional" que ha adquirido incluso el renombre de síndrome.

¿A qué nivel de pereza e insuficiencia humana hemos llegado como para tener que denominar un síndrome que consiste en que se me han acabado las vacaciones y me da pereza volver al trabajo?, falta de psicología para fortalecer las mentes de las personas, o tal vez filosofía. Quizás, el próximo paso será el síndrome de la ansiedad por no querer levantarse de la cama.

Si tan mal nos lo hace pasar nuestro trabajo, tal vez deberíamos plantearnos si es de verdad lo que queremos hacer el resto de nuestras vidas. Para bien o para mal, el trabajo supone un 80% de nuestras vidas, así que más vale gastar tal suma de tiempo en algo que realmente nos llene.

Sin embargo, debemos tener en cuenta que si son los primeros empleos de nuestra vida, es completamente normal empezar con cosas que no nos gusten o que nos pueda parecer humillantes, ya sea por el sueldo, el número de horas o el trabajo en sí.

Muchos grandes innovadores y genios comenzaron trabajando en una pizzería, limpiando retretes o acosando a los turistas para venderles algo. Todos los trabajos son nobles y merecen respeto, pero estar atascados y no avanzar es insuficiencia humana.

Se trata de empezar, e ir creciendo. Pero debemos hacer los movimientos de nuestra partida de ajedrez con cabeza, si no nos gusta nuestro empleo, no podemos soltarlo hasta que consigamos mínimo otro, no podemos dejarlo en un "a ver qué vendrá ahora" y dejarlo en manos de la suerte.

Las personas que siempre quieren más y no paran de progresar en el trabajo y crecer tanto por dentro como por fuera, están en el camino, pero hay que tener templanza y no olvidarnos de no desatender nuestra propia vida.

El ser humano, sobre todo el que es perfeccionista, tiende a idealizar su vida, los hechos que le ocurren en menor medida pero sí su persona en sí y sobre todo lo que cree que debería sucederle en el futuro y como debería sucederle.

El ser perfeccionista es un arma de doble filo, por un lado nos hace disciplinados y nos hace progresar enormemente en nuestros trabajos, pero por otro lado, idealizamos tanto el futuro y el cómo deberían ser las cosas, que se hace complicado aplicar el principio de dicotomía de control y amor fati.

Dado que nunca alcanza dicha perfección de las cosas, se frustra con facilidad. Entre otros defectos, cuando llevamos el perfeccionismo al extremo, creemos que la única forma real de ver las cosas es la nuestra, y cometemos el error de no entender a los demás y tratar de convertirlos a nuestra doctrina.

Transformar la ira en serenidad, aceptando como somos y perdonando nuestros errores, es el primer paso para convivir con nuestra forma de ser. Luego vendría aceptar cómo son las demás personas e intentar aplicar el principio estoico de la indiferencia, para poder centrarnos en nosotros mismos.

Disciplina

La disciplina es hacer aquello que debemos, incluso cuando no queremos.

Personalmente, creo que la disciplina es una de las más importantes virtudes estoicas y que complementa a todas las demás, ya que se encuentra en las 4 virtudes fundamentales al mismo tiempo, es de las más prácticas.

"No basta con hablar de la virtud, debemos ejercitarla"

Marco Aurelio

Los estoicos nos instan al trabajo duro y constante aprovechando sabiamente nuestro tiempo. La disciplina requiere de autocontrol, no cedas, no hay excusas, vive con la mentalidad de que el único día fácil fue ayer y mañana será peor, al mismo tiempo que esto nos llena de motivación y lo tomemos como un reto, disfruta del dolor y de la incomodidad, del salir de la zona de confort, sé un soldado.

"Te juzgo desafortunado porque nunca has vivido la desgracia. Has pasado por la vida sin un oponente, nadie puede saber de lo que eres capaz, ni siquiera tú"

Seneca

Para poder cumplir con todos los consejos estoicos como comer saludablemente, llevar una buena rutina de ejercicio diario o cultivar la mente, es imprescindible el uso estricto e inexcusable de la disciplina. Es disciplinada la persona que resiste y persiste, la que se sobrepone a sus tentaciones, como levantarse temprano aunque el cuerpo nos pida quedarnos entre las sábanas.

Séneca nos enseña que el mayor lastre de la vida es la espera del mañana y la pérdida del hoy.

Hesíodio fue un poeta griego que algunos consideran formalmente como el primer filósofo, él hablaba de que la degeneración y los vicios se pueden adquirir fácilmente y en abundancia, el camino de la misma es muy suave y sin incomodidades ni muchos esfuerzos. Pero, por otro lado, tenemos el camino de la virtud, en este los dioses han puesto mucho sudor a la vez que lo hicieron largo y empinado. Al principio es muy duro, pero al llegar a la cima por fin el camino se vuelve sencillo. Aunque no termina.

-Preséntate todos los días

Los antiguos estoicos comprendía la importancia de presentarse todos los días, como si de un puesto de trabajo se tratara.

    Al presentarnos todos los días en las actividades que nos hayamos propuesto, estamos creando compromiso con nosotros mismos y estamos creando caminos neuronales en nuestra mente, haciendo que cada vez sea más fácil realizar la tarea en cuestión.

    Lo que diferencia a las personas que triunfan en sus metas de las que no, es su tolerancia al sacrificio y su capacidad de sufrimiento.

Solo hace falta 21 días para adquirir por completo un nuevo hábito y acabar haciéndolo por sí solo como si formara ya parte de nosotros y de nuestro día a día. Comprometernos con la actividad, nos da impulso y avanzamos.

Cuando una persona comienza a tener un hábito, según la actividad que esté desempeñando, comienza a crear caminos neuronales desarrollando en mayor o menor medida ciertas zonas de nuestro cerebro.

Las Neuronas no se regeneran, mueren y no vuelven a nacer, pero podemos agudizar nuestra agilidad mental con estos caminos neuronales, de tanto usar ciertos mecanismos en nuestro cerebro acaban convirtiéndose en caminos fijos y el cerebro lo automatiza.

Esto es una increíble herramienta. Si creamos caminos neuronales con los vicios a los 21 días seremos adictos a esas costumbres. Del mismo modo, si queremos eliminar una mala costumbre, esforzándonos en cambiar nuestra rutina, acabaremos automatizando y normalizando el nuevo hábito al cabo de 21 días.

Si salimos a correr varias veces por semana, a las 3 semanas será un hábito y nos costará mucho menos.

Cuando creamos estos caminos neuronales, acabamos haciendo las cosas sin darnos cuenta, como quien hace el mismo trayecto a casa tras la jornada de trabajo y al cabo de un mes ya lo hace instintivamente y sin pensar.

El estrés altera el proceso de las conexiones neuronales y da lugar a un cerebro más inestable. No es cierto que solo usamos un determinado porcentaje de nuestro cerebro, se usa el 100% del mismo, lo que ocurre es que se usan diferentes áreas al mismo tiempo dependiendo de la tarea que estemos desempeñando y algunas se usan más que otras.

Debemos aprender a "sabotear" nuestro propio cuerpo y mente para dar las respuestas que queremos proporcionando los estímulos correctos para ello.

En la psicología hay una escuela que se denomina conductismo. En esta podemos ver como numerosos estudios tratan de averiguar lo que hoy denominamos el condicionamiento clásico, producir ciertos estímulos dan lugar a ciertas respuestas.

Sin embargo, a esta escuela se le escapaba algo que más tarde completaría la escuela del cognitivismo. El conductismo no tenía en cuenta los procesos internos cerebrales, nuestra parte cognitiva.

El cerebro según el cognitivismo se estructura en una serie de esquemas que son la base de nuestro comportamiento, estos se vuelven cada vez más complejos según añadimos información y se adaptan a la información que recibimos del medio o el exterior.

Jean Piaget decía que la mente no es rígida, sino flexible y que por lo tanto tiende a acomodar la información recogida en sus esquemas para, en cierto modo, dotarlas de sentido y facilitar su recuperación debido al principio psicológico de asociación. De este modo definía el aprendizaje.

El ser humano adapta los estímulos externos a sus esquemas, de modo que la realidad que me rodea a mí nunca será igual que la tuya, todos tenemos nuestra propia construcción interna de lo que es la realidad, es por ello que la mente es un poderoso filtro que actúa como una aduana en un aeropuerto.

El ser humano tiene la capacidad de desarrollar dicha aduana y moldearla para convertir un impulso primitivo en una herramienta para su propio bien.

La inteligencia es la capacidad de abstraerse para resolver un problema determinado.

Somos el resultado de la interacción del medio con nuestra predisposición genética. Usemos esta poderosa herramienta para adquirir hábitos que nos engrandezcan y hagan honor a lo que el ser humano es y representa. No fomentemos la "insuficiencia humana".

Epicteto creía que nuestra naturaleza humana está en la acción y que el reposo es un presagio de la muerte.

La motivación es algo que va y viene, la disciplina es constante, por eso es nuestra mejor aliada. Hazlo, aunque no te apetezca, sé constante, al principio siempre es más difícil arrancar.

En física, cuando un objeto es arrastrado existen dos tipos de resistencia por rozamiento, la inicial y la constante que viene después. Cuando empujamos un bloque de cemento por el suelo, este tiene un rozamiento máximo inicial justo en el momento en el que ejercemos la fuerza y luego esta resistencia por rozamiento disminuye a una constante, coge impulso, y es más sencillo llevar a cabo la tarea.

A la hora de realizar una tarea de nuestro día a día sucede exactamente lo mismo, al principio justo antes de comenzar la tarea e incluso en los primeros momentos tras haber comenzado a realizarla es más costoso, pero luego cogemos impulso y carrera y resulta todo más automático y sencillo.

A veces incluso no queremos parar de hacer la tarea y tomarnos un descanso porque sabemos que nos volverá a costar empezar y coger ese impulso. Cuenta hasta 3 y simplemente comienza, no lo pienses, solo actúa.

"La disciplina es el acto de recordar lo que verdaderamente deseas"

Epicteto

Recuerda por qué lo haces, recuerda aquella vez que decidiste dejarlo para más tarde y como al final lo hiciste mal o ni siquiera lo hiciste, recuerda el arrepentimiento y la infelicidad causada por esa falta de virtud.

Habrá días que no querrás acudir a la tarea que tú mismo te has encomendado, y esto es una oportunidad perfecta para poner en práctica la capacidad de sufrimiento, tratar el cuerpo y la mente con rigurosidad, asegura su obediencia a la mente.

¿No has dormido bien?, no tiene importancia, preséntate y lucha contra ti mismo. ¿No has comido bien?, ¿has tenido un día duro en el trabajo?. Dite a ti mismo "no me das pena", no hay excusa, evita la mentalidad de víctima, somos mejor que esa mentira. Preséntate y haz eso para lo que has venido.

Séneca nos enseñaba que las buenas costumbres se conforman unas con otras, y por eso duran, cuando empezamos a hacer cosas de provecho en nuestra vida es como si una forma de actuar virtuosa llamara a la otra, de repente quieres dejar de fumar, quieres pasar menos tiempo con el teléfono móvil y te conviertes cada vez más en una persona más y más productiva. Los buenos hábitos llaman a más buenos hábitos.

Todas las cosas en el universo vibran y se atraen entre sí, quien cae en una vida bohemia atrae caos a su vida. Sin embargo, cuando empezamos a vibrar en planos de productividad más la felicidad que esto nos da, nos predisponemos más aún a ser receptores de cosas cada vez mejores que comienzan a llegar.

Al mismo tiempo, esto nos hace combatir con más facilidad las situaciones adversas que se presenten.

Cuando una persona siente una magnitud de dolor determinada y no le presta atención o incluso está en un ambiente de festejo donde está riendo, este dolor disminuye enormemente hasta el punto de que a veces ni nos hemos percatado de que ha tenido lugar.

Es como cuando éramos niños, corríamos, jugábamos y cuando parábamos nos dábamos cuenta de que en algún momento del juego nos hicimos un corte con algo y nos empieza a doler en ese momento.

Sin embargo, cuando nos enfocamos en el dolor y nos afligimos a nosotros mismos, este incluso parece aumentar. No prestes atención a las adversidades, tómatelas como lecciones y actúa indiferentemente sobre el problema del que no tienes control.

Nunca muestres debilidad, nunca intentes dar pena ni buscar compasión, eso es penoso y destruye nuestro coraje, sigue luchando por tus metas y disfruta del camino. No te infravalores, eres grandioso.

"Primero dite a ti mismo lo que serías y luego haz lo que hay que hacer"

Epicteto

Somos el resultado de 13.800 millones de años de perfeccionamiento desde que el universo nació. El universo y toda su razón está dentro de ti, si el ser humano comprendiera la grandeza y la complejidad de su condición, la sociedad sería muy diferente.

La mayor lucha que una persona puede tener en toda su vida es contra sí mismo, su mayor adversario es su propia mente.

El esfuerzo y determinación del sujeto lo engrandecen, la capacidad de sufrimiento que tiene alguien es proporcional a las metas que logra, ser disciplinado es ser virtuoso y eso nos hace profundamente felices.

Cuando no quieras hacer algo, como levantarte temprano, recuérdate a ti mismo "no me das pena", sé duro y exigente contigo mismo.

Recuerda que las metas a largo plazo son el objetivo del estoico, esta filosofía es una carrera de fondo, no seas flor de un día porque no es cuestión de un año ni dos, es una forma de vivir.

Recuerda que no lo haces para ganar reconocimiento, aunque ciertamente esto engrandezca el ánimo. Los méritos de un cuerpo esculpido tras años de ejercicio físico son tuyos y solo tuyos, no lo haces para presumir. La calidad de un pianista virtuoso es solo suya, no es para alardear.

Piensa qué hubiera sido de los grandes genios de la historia, como fueron Einstein o Tesla, si no hubieran tenido disciplina. El ser humano no hubiera llegado a donde ha llegado, la grandeza de la humanidad se debe a lo disciplinada que ha sido, entre otras cosas.

"Hay ciertas cosas que para hacerlas bien no basta con haberlas aprendido"

Séneca

No existe ejército que haya ganado grandes batallas sin disciplina.

¿Crees que un atleta que se especializa en correr largas distancias tiene siempre ganas de correr?, por su puesto que no, pero de todos modos entrena diariamente respetando obviamente sus periodos de descanso y alimentación. La constancia es la clave. Vence a la pereza.

Imagina a Miguel de Cervantes escribiendo una obra tan extensa como El Quijote, tuvo que pasar por altibajos inevitablemente y sacrificar muchas cosas de su vida para poder completar su tarea.

Imagina qué hubiera pasado si hubiese sido una persona perezosa o que pospone las cosas, o cuando no quiere seguir escribiendo, sucumbe a su deseo primitivo y deja de hacerlo sin más. Pues muy probablemente su obra no hubiera tenido lugar, al igual que las tuyas no lo tendrán si actúas de esa manera. Y tu tiempo pasará y no sabrás de lo que realmente eres capaz.

Existe un ejercicio que me encanta hacer cuando dudo si vale la pena hacer una cosa o no, y es el pensar qué historia querré contarle a mis nietos cuando sea anciano y ya no pueda correr, saltar ni nadar.

Imagina constantemente que tus padres, abuelos y tus ancestros están siempre observando y junto a ti, actúa como crees que ellos más orgullosos de ti se sentirían, que vean el hombre o la mujer en la que te has convertido y que su linaje sigue en buenas manos, las de una persona que solo piensa en engrandecer su apellido y lo que el ser humano significa.

Voy más allá, imagina que tus hijos, tus nietos y todos los que vendrán tras de ti están observando pacientemente esperando su momento de llegar, sois espíritus afines que ya convivían juntos antes de nacer, unidos por la inmensidad del cosmos como polvo de estrellas.

Siempre que deseemos conseguir algo tendremos que sacrificar algo, no podemos obtener las cosas gratuitamente.

En la mitología nórdica, Odín, el dios padre en el panteón escandinavo, sacrificó uno de sus ojos entregándolo al gigante Mimir a cambio de poder beber de la fuente de sabiduría infinita. Odín ve entonces el sufrimiento de los dioses y las personas y comprende todo lo que ha sucedido y sucederá viendo el tiempo como una serie de acontecimientos que suceden al mismo tiempo sin diferenciar el pasado del futuro. Odín queda tan perplejo que desde entonces no come ni duerme, solo bebe sentado esperando el fin del mundo.

De esta historia sacamos la moraleja de que cuando queremos conseguir algo valioso siempre tendremos que dar algo a cambio. Sacrificar una parte de nuestra vida.

Si queremos estudiar una carrera y obtener un título en ingeniería, tendremos que dar a cambio muchas cosas, nuestro tiempo, dedicarle todos los días horas y horas, nuestras relaciones con familiares que se verán en un segundo plano, nuestro tiempo en pareja, el ejercicio físico, etc.

Siempre habrá que sacrificar algo en nuestra vida cuando decidamos luchar por las cosas que verdaderamente valen la pena.

William Arthur Ward dijo que el precio de la excelencia es la disciplina y el de la mediocridad es la decepción.

El estoicismo no persigue otra cosa que la excelencia, y el puente entre donde estamos y esta se llama disciplina. Esto es virtud.

"La dificultad muestra lo que son los hombres"

Epícteto

Epícteto contaba a sus alumnos la historia de Hércules, en la que él mismo un día iba caminando por el bosque y se encontró dos caminos, ante la situación de no saber qué camino tomar aparecieron dos mujeres hermosas, una estaba lujosamente vestida y habló a

Hércules de tomar el camino de la felicidad instantánea donde nunca tendría que trabajar y viviría en el placer, sin esfuerzos, todo lo que deseara llegaría a su vida.

Por otro lado, apareció otra mujer vestida con ropajes más modestos, esta ofreció a Hércules un camino donde se le presentarían muchos inconvenientes y tendría trabajar y esforzarse para conseguir lo que desearía, dándose incluso la situación en la que no recibiría nada a cambio de su trabajo. Sin embargo, esta conduciría a una satisfacción más profunda, real y duradera.

Epicteto preguntaba a sus alumnos qué creían que hubiera sido de Hércules si hubiera decidido no trabajar y no enfrentarse a ninguna situación complicada.

Qué creían que hubiera sido de su historia o si siquiera hubiera tenido una historia que contar si no hubiese decidido enfrentar a los monstruos con los que se topó en su camino como la hidra o el león de Nemea.

Era muy común en Epicteto hacer que sus alumnos se cuestionaran todo haciéndoles preguntas, o poniéndolos en situaciones para que ellos mismos vean como hubiesen reaccionado.

En psicología esto está muy relacionado con el refuerzo positivo, puesto que al igual que nos ponemos en el lugar de un niño y le hacemos sentir comprendidos para que actúen como queremos, Epicteto hacía a sus alumnos ponerse en el lugar de personajes entrañables que pasaron por situaciones complicadas donde había que tomar decisiones complicadas.

Esto son formas más sencillas de llegar a nuestros esquemas de conocimiento y facilita el aprendizaje. Un ejemplo de lo que nos referimos cuando decimos que debemos aprender a sabotear nuestro subconsciente y aprender a dirigir la aduana o filtro mental. A la vez que controlamos el principio de estímulo - reacción.

-No procrastines

Procrastinar es dejar para mañana lo que puedes hacer hoy. Malgastando el tiempo y posponiendo algo para luego. ¿Qué sentido tiene dejar para la tarde lo que puedes hacer por la mañana?. Quien gana la mañana, gana el día.

En la actualidad todo parece estar diseñado para robarnos nuestra atención, es más difícil que nunca concentrarse y ejercer nuestras tareas. Hay muchas formas de conseguir eliminar los hábitos que nos hacen perder el día, pero están todas basadas en la disciplina.

Piensa cuanto tiempo dedicas en total entre la televisión, el móvil y los videojuegos. A la fecha de escrito este libro, las estadísticas dicen que de media usamos 2 horas y media las redes sociales al día, supongamos que de media vemos 1 hora de televisión al día y otra hora de videojuegos. En total suman 4 horas y media cada día que estás desaprovechando convirtiéndote en un muerto viviente.

A la semana son 31 horas y media que pierdes, al mes son 135 horas y al cabo de un año son más de 1600 horas perdidas. 67,5 días.

Es decir, que más de 67 días completos del año estamos en un estado de abstracción en el que no estamos haciendo absolutamente nada, si invirtiéramos ese tiempo en crear grandes cosas y en crecer individualmente la sociedad sería increíble.

Voy más allá con las matemáticas, si sigues calculando verás que al cabo de 30 años, es decir, media vida, habrás gastado más de 5 años y 6 meses en no hacer nada. Para los estoicos este tiempo es similar a no tenerlo, si una persona vive 55 años en realidad ha vivido 49 y medio.

"El arte de vivir se asemeja más a la Lucha que a la danza"

Marco Aurelio

En el estoicismo no solo se pide que uses tu tiempo para hacer cosas productivas y perseguir metas, también se incita a que lo uses con tus familiares, a que salgas, a hacer un pícnic con tu pareja, a que hagas surf, a que disfrutes de un paseo agradable con tu perro al atardecer por tu ciudad o pueblo. A que conectes con la naturaleza en tu retiro interior y desconectes de todo aquello que te esclaviza y te hace infeliz. En esto reside la verdadera libertad.

La persona que tiene la capacidad y la disciplina de levantarse a las 5 de la mañana por voluntad propio e ir a correr es una persona libre. La que sucumbe a la pereza y no puede moverse de las sábanas es esclava de sus instintos y deseos.

El estoicismo es autocontrol de las emociones y deseos. Esto es virtud.

¿Dónde ha quedado el construir el espíritu de lucha por las metas?, el crear algo es poner un trozo de ti en esa obra que perdura y trasciende de ti mismo, cuando te vayas seguirá aquí para los que vienen tras de ti.

Cuando un pintor pinta un cuadro, el propio cuadro tiene una parte del pintor y el pintor parte de su obra dentro, dejamos trozos de nuestro ser en todo lo que hacemos. Crea.

"Comenzar es la mitad del trabajo, comienza nuevamente con la mitad restante, y habrás terminado"

Marco Aurelio

Deja a un lado las redes sociales, deja a un lado la televisión y los videojuegos, aparta lo que no sume y toma conciencia de que cada día mueres un poco más, ve y crea algo que perdure sobre el tiempo que durará tu vida y cuenta a tus nietos la historia que de verdad quieres contar.

Imagina que nuestros ancestros están siempre observando.

Cuando te dé pereza empezar tu lista de tareas cuenta hasta 3 y simplemente empieza y no pares. No pierdas el impulso.

Debemos escribir una lista punto por punto y detallada de lo que planeamos hacer en el día, e ir tachando cosa a cosa según vayamos cumpliendo, porque nos dará satisfacción al verlo gráficamente y nos animará a continuar.

El ver la lista de cosas escritas en un papel delante de nosotros, subconscientemente nos hace tomar conciencia real de lo que debemos hacer y nos ayuda a ser más productivos.

Según la escuela psicológica del conductismo, una buena forma de inculcar comportamientos a alguien, o a nosotros mismos en este caso, es usando recompensas. Si somos aplicados y rendimos una cierta cantidad de horas, el recompensarnos con algo moderadamente puede crear esquemas en nuestra mente o caminos neuronales en los que asociamos el trabajo con algo bueno.

Asociación en psicología es un procedimiento de memoria para aprender algo o bien para quitarnos costumbres o formas de comportarnos.

Por ejemplo, la persona que nos gusta y de la que estamos enamorados huele a un determinado perfume o dice una serie de muletillas, pues cuando escuchamos esas muletillas u olemos ese perfume, mucho tiempo después incluso, nuestra mente lo asocia a la persona que nos gusta. Lo curioso es que nuestro cuerpo también da las respuestas que damos cuando esa persona está delante.

Cuando un soldado que ha recibido instrucción militar con un silbato escucha un silbato fuera de la instrucción, su mente y su cuerpo entran inevitablemente en tensión y se distrae de lo que está haciendo.

Los traumas y las heridas del alma siguen muchas veces estos patrones, como el efecto que hace el color de la camisa de un violador mientras comete el acto atroz sobre la víctima. Estos son los engranajes de la mente.

Todo esto puede usarse de forma productiva y virtuosa condicionándonos a nosotros mismos. Cuando estemos trabajando en algo, asegúrate que el ambiente de trabajo es propicio para el mismo y ten estímulos positivos, como por ejemplo un ambiente limpio y despejado en el que nos sentimos cómodos, huele bien y la temperatura es ideal.

Viste correctamente para desempeñar tu labor, esto enviará un mensaje subliminal a tu mente en el que sientes que haces lo correcto, es serio y comprometido.

Cuando lleves una o dos horas de trabajo premia tu mente con un café o con un trozo de chocolate. Cuando llegues de correr, premia tu mente con una cena elaborada y deliciosa.

Hay que maltratarse para hacerse duro y resistente a las adversidades, pero los refuerzos positivos una vez termina el maltrato es esencial.

Disfruta del sufrimiento de las duchas frías, del ejercicio físico duro, del obligarte a aprender cosas nuevas que desafíen tu intelecto y hagan más elaborados tus esquemas mentales. Engrandece lo que eres.

Los estoicos comprendían el valor de escribir nuestras obligaciones y nuestras conclusiones en un diario, es una práctica que crea un contrato subconsciente contigo mismo, que incluso te animo a literalmente firmar y comprometerte con hacer esa tarea. Mandas un mensaje de compromiso contigo mismo al universo. Compórtate como lo haría la persona en la que te quieres convertir y haz lo que esa persona haría.

Recuerda que para llevar a cabo este tipo de cosas es necesario tener un profundo sentido de la responsabilidad porque si no somos responsables con nuestras obligaciones no lo somos con nosotros mismos y no servirá de nada escribir ni comprometerse ni contar hasta 3, porque el irresponsable y el vago siempre llegará tarde al trabajo, no se presentará o lo hará en condiciones que no son óptimas, tu cuerpo y tu mente son tu templo y son tu casa.

"No nos atrevemos a muchas cosas porque son difíciles, pero son difíciles porque no nos atrevemos a hacerlas"

Séneca

Como es adentro es afuera, sé organizado y correcto, actúa con disciplina poniendo en primer lugar las obligaciones y por último, si hay lugar para ello, el ocio.

Para hacer las cosas bien hay que hacerlas en el momento apropiado. Recuerda el triángulo estoico, la virtud (en este caso será la disciplina) nos dará serenidad y felicidad.

¿Qué sentido tiene dejar las cosas que podemos hacer ya para luego?. Piensa que tu día se puede dividir en dos, el tiempo de trabajo y el de descanso. Si decides descansar primero y trabajar después el descanso será insatisfactorio, ya que estarás pensando en que luego tienes que cumplir con tus obligaciones en lugar de disfrutar.

No disfrutarás, porque sabes que no te mereces estar descansando y lo peor de todo es que después tendrás que hacerlo igualmente, por lo tanto, no te ha servido de nada.

En cambio, si decidimos trabajar primero y descansar después, en primer lugar la tarea la haremos mejor y más rápido porque trabajamos sabiendo que luego viene un descanso sin tener que volver a trabajar nuevamente, y en segundo lugar cuando toque el momento de descansar te sabrá mucho mejor que de la otra forma, porque es un descanso merecido y sin preocupaciones, la mente estará serena, en paz y satisfecha por el trabajo bien hecho. Para hacer las cosas bien hay que hacerlas cuando se debe.

"Tanto más crece el esfuerzo, cuanto más consideramos la grandeza de lo emprendido"

Séneca

Llénate de refuerzos positivos de forma diaria, hay un experimento realizado por Masaru Emoto, en el que se pone agua en unos recipientes y se le insulta y se le dice que es desagradable, esta agua se congela y se mira en un microscopio y se ven formas irregulares sin seguir ningún patrón.

En cambio, cuando se hace todo lo contrario y se le dice al agua lo hermosa que es, lo sabrosa y nutritiva que es, lo pura y limpia que es, al congelarla se ven patrones hermosos y con formas geométricas como las que la naturaleza hace en los paneles de abeja o las plantas.

Comprende el efecto que esto hace sobre las personas cuando somos más de un 80% de agua.

Otro experimento coge a ratones y para que resuelvan un laberinto, a unos se les pone música estridente y desagradable, y a otros se les pone música clásica y para meditar. El resultado es que los que escuchan música serena terminan antes el laberinto.

Pero es que no es solo un tema de concentración y que con ruido no podemos concentrarnos, es como afecta a nuestro ser, las plantas crecen mejor y más rápido con música clásica y diciéndoles cosas hermosas. Imagina el poder que las palabras tienen sobre las personas, y sobre todo sobre aquellas que no dominan el filtro que hace la mente al percibir los estímulos del medio.

Ten mucho cuidado con qué estímulos llenas tu vida y entiende lo que estos hacen contigo y en que pueden llegar a convertirte.

Los estoicos, cuando llega la hora del descanso por las noches, hacen una evaluación de lo que han hecho y lo que no para poder entenderse mejor a sí mismos y ver como poder mejorar y hacerlo al día siguiente.

Es un deber del ser humano intentar comprenderse así mismo e identificar sus esquemas de pensamiento. Analiza quién eres, medita sobre ti. Quien vive sin saber quien es y qué está haciendo vive en un limbo abstraído de la realidad y de los mensajes que el universo y la vida nos ponen delante.

Debemos dominarnos a nosotros mismos, solo así seremos verdaderamente libres. Estudia tu mente y descubre quién eres. Tienes el poder de impedir que los estímulos del medio ejerzan mayor o menor efecto sobre ti. Platón dijo que un hombre que se conquiste a sí mismo ha logrado la primera de las victorias.

"El hombre sin disciplina es como un cuerpo sin alma"

Séneca

Sin duda no podremos hacer nada que nos propongamos sin primero adquirir la habilidad de ser disciplinados, es la mejor de las herramientas que el estoicismo nos enseña para alcanzar nuestras metas.

Según Nikola Tesla, el arte de la disciplina se domina realmente cuando el deseo y la voluntad se transforman en uno.

No hay atajos para llegar a los lugares que realmente merecen la pena llegar. Piensa que no es la velocidad lo que hace a un buen corredor, sino su compromiso consigo mismo, su espíritu de lucha.

Acepta el riesgo de todos los fracasos con los que puedes toparte en tu camino hacia la meta, asúmelos y continúa corriendo.

Memento mori

Los estoicos no tenían miedo a la muerte, puesto que es lo que da valor y dota de sentido a las cosas que hacemos a lo largo de nuestra vida.

Sin la muerte las cosas perderían su valor, puesto que si viviésemos infinitamente no tendría ningún sentido luchar para conseguir progresos materiales en la vida, puesto que tarde o temprano, en algún momento de ese infinito vendrá por sí solo a nosotros una casa mejor, un trabajo mejor, una pareja más compatible, etc.

Memento mori quiere decir recuerda que morirás, o recuerda la muerte, esto no es más que una forma de invitar a las personas a que aprovechen el tiempo y hagan todo lo que crean que deben hacer sin esperar a mañana.

Puesto que la vida no está garantizada, no debemos aplazar ninguno de nuestros proyectos porque el que esta noche sigas vivo o viva no está garantizado.

En la antigüedad, cuando los grandes militares desfilaban por el pueblo tras sus conquistas por toda Europa, un servidor lo esperaba al final de dicho paseo y le decía "memento morí", para que recuerde que todo esto es pasajero y él también morirá. Se hacía con el fin de que el héroe no sucumbiera a la soberbia y el egoísmo, creyendo ser una especie de ser divino repleto de poder.

Esta forma de pensar no es en absoluto una cuestión depresiva o desesperanzadora, todo lo contrario. El memento mori es combustible de motivación a hacer todo lo que debes y sobre todo a hacerlo cuando debes, sin perder el tiempo.

"No es la muerte lo que debemos temer, sino el nunca haber vivido"

Marco Aurelio

Gracias al hecho de que vamos a morir en cualquier momento las cosas adquieren un valor infinito, el poder disfrutar de tus padres en una cena con una buena conversación o mínimo llamarles por teléfono tiene un valor significativo cuando entiendes que eso también acabará.

Todo tiene un principio y un final. Gracias a la muerte todos los problemas que acontezcan en nuestra vida carecen de valor, nada de eso tiene importancia, ya que todo acabará tarde o temprano.

"No pospongas nada, combatamos la vida a diario"

Séneca

Los estoicos veían la muerte como el momento que da sentido a toda la vida. El problema del tiempo en el que transcurre una vida humana no es que sea poco, es que lo malgastamos.

¿Para qué quieres vivir más de lo que te ha tocado vivir?, ¿para usar más las redes sociales?, ¿para pasar más tiempo tirado en el sofá o en la cama?.

La mayoría de las personas a las que les preguntan qué harían si supieran que van a morir dentro de una hora responderá que en primer lugar llamar a sus familiares, contactar con nuestros seres queridos para pasar con ellos parte de nuestros últimos momentos.

Si te quedara ahora mismo una semana para morir harías todo aquello que te hubiese gustado hacer en la medida de lo posible. Entonces, ¿por qué no hacemos eso sabiendo que en lugar de una semana o un mes son unos años?.

Perdemos el tiempo haciendo cosas que no enriquecen el espíritu y no llegamos a ser completamente felices por la falta de virtud. No llegamos a sentirnos completos.

Imagina cuan trágico sería morir y no haber dado todo lo que puedes ofrecer, el no vivir esa vida plena que será sabiamente recordada por tus hijos y nietos. El no vivir la emocionante aventura que puede ser la vida, no reír, no llorar, no tener descendencia y que estos sean más grandes y nobles que nosotros, el que no experimentes el miedo, el cansancio, la adrenalina, el sentimiento de complicidad, la satisfacción de una etapa de la vida correctamente cerrada, el beso de la madre o el padre orgulloso de tus méritos, etc.

Cuan horrible sería que la vida acabara sin que ni siquiera hubiera comenzado.

El ser humano vive con la mentalidad de que la muerte está en un futuro muy lejano y distante, acepta el hecho de que algún día morirá, pero tiene la idea de que sucederá dentro de tanto tiempo que aún está a tiempo de hacer todo lo que se proponga.

Vivir con esa mentalidad va en contra del estoicismo, la muerte está en todas partes, está dentro de nosotros, al igual que lo está la vida y la capacidad de crear. Dios nos hizo a su imagen y semejanza, y ¿qué es dios?, dios es el universo, la unión de todo lo que existe, la conciencia colectiva universal y el todo.

Entonces nosotros somos dios, somos el universo, este está en todos nosotros, dentro y fuera, somos dioses con la capacidad de destruir, pero también con la capacidad de crear cosas hermosas y trascendentales.

Podemos matar, pero también podemos dar lugar a la vida, tenemos la capacidad de odiar terriblemente, pero también de amar con devoción y puramente, tenemos la capacidad de guardar rencor e ira, pero también la de perdonar y amar.

Somos la suma de todas las vivencias y experiencias de todos nuestros antepasados, el resultado de una obra maestra tan inmensa que no podemos comprender todavía.

Las vidas de nuestros antepasados y todo lo que aprendieron, lo que sufrieron, lo que amaron y disfrutaron, todo va codificado dentro de nosotros. Somos el legado, somos ellos, existiendo a través del tiempo y las generaciones que van teniendo lugar.

Es como si nuestra energía llevara toda la eternidad existiendo y pasando de un estado de vibración a otro, cambiando constantemente, pero en esencia, siendo siempre la misma.

Séneca decía que los idiotas tienen todos en común que siempre están preparándose para empezar. No obstante, esté en el lugar del tiempo en el que esté nuestra muerte, no debemos tener solo eso en cuenta, piensa que puedes sufrir un accidente de tráfico mañana y quedar postrado en una silla de ruedas, o caerte en la propia ducha y quedar parapléjico.

Entonces entenderemos al cien por cien si lo que hicimos durante nuestro tiempo estuvo correcto o no, la vida continúa, pero tus limitaciones te harán apreciar todo lo que no aprovechaste las piernas sentado en el sofá en lugar de escalar una montaña o pasear con tus padres por la playa.

> *"No pienses que alguien ha vivido mucho solo por tener pelo blanco y arrugas. No ha vivido mucho, quizá solo ha existido mucho. Imagina que un hombre se embarca en un viaje y se adentra en una tormenta nada más zarpar, que lo mantiene navegando en círculos, azotado por distintos vientos. No ha hecho un gran viaje, solo ha dado muchas vueltas"*
>
> *Séneca*

Aplicando la dicotomía de control, llegamos a la conclusión que un estoico vive sin miedo a morir, puesto que es algo que no está bajo nuestro control, por lo que, ¿por qué preocuparse?

"Necesitamos la vida entera para aprender a vivir, y también, sorprendentemente, para aprender a morir"

Séneca

No tenemos la seguridad de qué sucede después de morir con nuestra conciencia, algunos creen que vas al lugar del que viniste antes de nacer, otros que simplemente dejas de existir y ya está. Platón por ejemplo, creía en la existencia del alma y que cuando nuestra parte mortal, como él la llamaba, se extingue, nuestra esencia vuelve al mundo de las ideas.

Esta incertidumbre es el motivo principal por el cual la gente teme a la muerte. No obstante, es precisamente esto lo que dota a las cosas que nos rodean y nos suceden de gracia y belleza.

Amor fati, qué mejor razón para aplicar una de las virtudes más difíciles de poner en práctica del estoicismo como es el amor fati que saber que moriremos y todo cuanto nos rodea acabará. Ama tu destino.

Cuando se va un ser querido, desaparece de nuestras vidas, es como si se llevara un pedazo de nosotros, sentimos anhelo y nostalgia como si algo de nosotros aún le perteneciera, lo curioso es que esto también sucede en el amor, cuando amamos a alguien y vivimos una serie de eventos que nos marcan con esta persona, eso hace que ese alguien se grabe más a fuego en nosotros.

Cuando esta persona, aunque siga existiendo en este plano, desaparece de nuestras vidas, sentimos inicialmente una sensación de angustia por la pérdida, pero el problema viene más tarde, cuando eso desaparece y lo que queda es una sensación de nostalgia extraña que nos hace sentir que verdaderamente esa persona se llevó algo de nosotros y sigue teniendo, por mucho tiempo que transcurra, un pedazo de nuestra alma.

No obstante, debemos entender que la pérdida no es más que cambio y el cambio es el deleite de la naturaleza. Todo en el universo está en constante cambio y movimiento.

La mejor manera de sobreponernos a estos sentimientos inútiles de tristeza es, por muy duro que suene, aplicando una sensibilidad selectiva a nuestras vidas, es decir, tú decides el qué, como y cuanto te puede afectar algo.

Tú eres quien decide sobre cual asunto ser sensible y sobre cual ser insensible. Debemos ser capaces de emocionarnos con una obra de ópera y al mismo tiempo de no hacerlo ante la pérdida de un ser querido. Emocionalidad selectiva.

Tú eliges qué puede afectarte y qué no, el entorno que perciben las personas nunca es el mismo, no existe un entorno en común, el mundo que nos rodea pasa primero por el filtro de nuestros sentidos y la mente hace una construcción del medio que nunca será igual a la que hace el prójimo.

Todo lo que vivimos y todo lo que existe llegará a tener un fin hasta la tierra, incluso las estrellas y más tarde el propio universo, morirá.

Marco Aurelio comprendía la importancia de la familia para la mente humana y aplicaba el memento mori con sus familiares. Amaba profundamente a sus hijos, gustaba de arroparlos por las noches y de pasar tiempo con su mujer antes de dormir.

Reflexionaba que el que mañana despierten no está garantizado, así que agradecía y disfrutaba del momento de poder estar con ellos.

La familia es sumamente importante para el ser humano, son nuestros orígenes y nuestro futuro y al igual que Marco Aurelio, por muy ocupados que podamos estar y muy ajetreada que sea nuestra vida, debemos trabajar nuestras relaciones familiares y atenderlas.

Nuestros padres se han desvivido por nosotros, al igual que nosotros lo haremos con la siguiente generación. Nuestros hijos se convertirán al igual que nosotros en una obra maestra que se asemeja en espíritu y cuerpo a nosotros y en ellos seguiremos vivos, al igual que nuestros padres y abuelos viven en nosotros.

Vive de forma honrada y moderada, esto te llenará de serenidad y serás feliz. Ama la vida y todo lo que ella te trae, el que sea bueno o malo no es más que una percepción de la mente humana.

"Te diré cuál es el verdadero placer y de dónde viene: de la buena conciencia, de las rectas intenciones, de las buenas acciones, del menosprecio de las cosas del azar, del aire plácido y lleno de seguridad, de la vida que siempre pisa el mismo camino"

Séneca

Somos energía vibrando en diferentes planos al mismo tiempo intentando comprenderse a sí misma. La vida es un sueño, una obra de teatro, disfruta de tu papel y cuando acabe continúa tu camino.

Muchas personas, cuando se les avecina una situación muy complicada en sus vidas, suelen hacer tratos consigo mismas o con la vida del tipo "si consigo que no me llegue esa multa, no volveré correr con el coche", "si no me pillan mañana dejaré de hacer esto que sé que está mal", "si mi padre sale de esta situación complicada prometo pasar más tiempo con él" y solemos entender el significado de las cosas y su valor, parece que algunas personas no valoran lo que tienen hasta que lo pierden.

"Eres un alma que lleva un cadáver"

Epicteto

El problema con más gravedad todavía es cuando la situación se resuelve como queríamos y somos virtuosos con nuestro "trato" con dios o con nosotros mismos y al cabo de un tiempo vuelves a cometer los mismos errores, traicionando a tu propio ser.

Elige morir bien mientras puedas, usa tu vida para hacer lo correcto. Séneca reflexionó mucho sobre como sobrellevamos la vida y la muerte, hablaba de que nadie valora el tiempo, y lo gastamos de manera extravagante, pero la reacción de esas mismas personas cuando el médico les dice que su muerte está cerca es de que estarían dispuestos a dar todo lo que tienen por vivir un poco más.

No te comportes como si fueras a vivir eternamente, mientras vivas y mientras puedas, sé una persona honorable y virtuosa. De este modo nunca nos arrepentiremos de nada y tendremos la mente en serenidad. Séneca creía que nos comportábamos como si nunca fuéramos a morir, aun a sabiendas de que lo haremos. El estoicismo nos incita a preparar nuestra mente como si fuéramos a morir en cualquier momento.

No morimos un día determinado a una hora determinada, morimos todos los días poco a poco hasta que nos llega la hora. Incluso mientras lees estas líneas estás muriendo. El pasado es propiedad de la muerte, solo tenemos control sobre el presente.

"Cuando te levantes por la mañana, piensa en el precioso privilegio de estar vivo, de respirar, de pensar, de amar"

Marco Aurelio

El memento mori se practica preparando la mente para morir cada día. Pensando en como nos sentiríamos si supiéramos que moriremos mañana y actuar como actuaríamos si nos quedase poco tiempo.

Te estás muriendo, así que vive.

Existen relatos de personas que intentaron cometer suicidio y que sobrevivieron, estas personas nos cuentan que en el último momento antes de morir sentían un profundo arrepentimiento por haber intentado quitarse la vida, en el último instante entendieron la belleza que existe en la épica batalla que es la vida.

El memento mori es el ejercicio de visualización negativa del que ya hemos hablado llevado al extremo, ponerte en la peor de las situaciones hace que los problemas cotidianos sean ridículos. Praemeditatio Malorum.

Piensa que hoy has vivido, piensa que por el momento tienes la inmensa suerte de continuar tu historia, engrandecer tu aventura y el papel en la obra de teatro de la vida.

Usa las virtudes estoicas, usa esta serie de reglas que son más bien consejos y pautas a seguir para engrandecer tu historia y convertirte en una versión pletórica de ti.

Usa las herramientas que nos han dado nuestros antiguos para hacer honor a lo que un ser humano representa y debe ser, para honrar la grandeza y la racionalidad de nuestra especie.

"Es posible empezar a vivir de nuevo. Ver las cosas como las viste hace tiempo, así se reinicia la vida"

Marco Aurelio

Séneca hablaba que el principal obstáculo que tiene la vida es la expectativa, pues esta nos atrae y nos seduce con promesas y compromisos para el mañana, pero nos hace perder el hoy.

Sé agradecido todos los días, pues el presente es un regalo, por eso se llama así. Piensa en todas las cosas que se pueden hacer en un día desde que nace hasta que muere el propio día, luego piensa en todas las cosas que puedes hacer en el transcurso de una vida, no lo pienses, ve a por ellas. El día es una vida y la vida es solo un día.

"La vida es como una leyenda, no importa que sea larga, sino que esté bien narrada"

Séneca

    Intenta comprender la grandeza del ser humano, ama el arte, ama la música, admira la arquitectura que nuestros padres levantaron, admira nuestras novelas y nuestras obras, los grandes milagros de la ingeniería, el coraje, la sabiduría, las batallas que se libran en los mecanismos de las profundidades de la grandiosa mente humana, la virtud del ser humano y todo lo que representa. Comprende lo hermosa que es la vida gracias a la muerte.

Sófocles dijo hace más de 2400 años en su famoso poema de Antígona, que muchas cosas hay admirables, pero nada existe más admirable que el ser humano.

La muerte no es más que una transición, somos energía, la energía ni se crea ni se destruye, simplemente se transforma.

Nuestro cuerpo, ahora convertido en polvo, se fundirá tarde o temprano con el universo y volveremos al lugar de donde hemos venido, de las estrellas.

Nota

A veces, hay momentos en la vida en los que sientes que tienes que hacer algo con todo tu corazón, una sensación parecida a cuando sabes que vas a morir muy pronto y tienes un asunto pendiente.

Para mí ese asunto pendiente era este libro, siempre he sentido la necesidad de dejar algo que de verdad valga la pena cuando deje este plano de existencia y pase al siguiente y qué mejor cosa que consejos sobre como entenderse mejor a sí mismo y al mundo en el que vivimos.

Hay muchas cosas en mi vida que me han llevado a verla como la veo y a ser como soy, pero si tuviera que elegir, las tres cosas que más me han influenciado en mi forma de pensar serían el ejército, la mar y mi madre.

Mi madre siempre ha sido una guerrera en la vida desde que tengo uso de memoria, al igual que su madre. Me inculcó profundamente el cuestionarme las cosas y el espíritu implacable de lucha. Como ella siempre dijo, "si me arrancas un brazo me crecen 2", para mí ella es sinónimo de coraje y de lo que creo que todos deberíamos ser.

De generación en generación, esta desafiante actitud ante la vida, pasó de mi abuela a mi madre y de ella a mi.

Escribí este libro para mi familia, para intentar aportar algo de valor a mis seres queridos y sobre todo para los familiares que aún no han llegado, pero que llegarán al barco que es la familia unida.

Para que los familiares que aún no han nacido me conozcan y tengan una idea de como veía el mundo y como sentía el universo.

A ellos van dirigidas estas palabras.

Apolinario